Experimentos sociales y globales

Marcus. W. Oliver

Editorial Anuket

Contenido:
Introducción

Introducción:

En el mundo contemporáneo, donde la globalización y la conectividad digital han acercado a personas y culturas de maneras sin precedentes, han surgido también oportunidades únicas para comprender los comportamientos y respuestas humanas ante diversos desafíos y situaciones sociales. Este libro, "Experimentos sociales y globales", ofrece un análisis profundo de algunas de las iniciativas más ambiciosas y de mayor escala jamás emprendidas para estudiar al ser humano en contextos masivos. Desde experimentos de comportamiento en redes sociales hasta innovadores programas de desarrollo sostenible y colaboraciones masivas en ciencia y educación, cada experimento relatado aquí ha involucrado a cientos de miles o incluso millones de personas en todo el mundo, y ha dejado un impacto perdurable en la sociedad.

A través de la narración de estos estudios, analizaremos las motivaciones que llevaron a su creación, los métodos utilizados para llevarlos a cabo y, sobre todo, los sorprendentes resultados y las lecciones aprendidas. Veremos cómo los ciudadanos anónimos, las instituciones, y hasta los gobiernos, se han convertido en parte de vastos ensayos sociales, revelando así patrones de conducta, actitudes éticas, adaptabilidad y el poder transformador de la acción colectiva. Algunos de estos experimentos despertaron la crítica pública y abrieron el debate sobre la privacidad, mientras que otros trajeron consigo avances tangibles en la calidad de vida y promovieron cambios significativos en políticas públicas.

Este viaje nos invita a reflexionar sobre nuestra propia participación, consciente o inconsciente, en estos experimentos sociales globales. Nos reta a considerar cómo nuestras decisiones individuales pueden contribuir al entendimiento colectivo y cómo estos estudios continúan influenciando la sociedad moderna en maneras inesperadas. "Experimentos sociales y globales" es, en última instancia, una exploración de la resiliencia humana y de nuestra capacidad para adaptarnos, colaborar y evolucionar en un mundo en constante cambio.

1.   **Universal Basic Income (UBI)**

La idea del Universal Basic Income (UBI), o Ingreso Básico Universal, propone un sistema de apoyo económico en el que cada ciudadano recibe una cantidad fija de dinero, regularmente y sin condiciones, destinada a cubrir necesidades básicas. El objetivo de esta iniciativa es ofrecer una red de seguridad que permita a las personas satisfacer sus necesidades mínimas, independientemente de su situación laboral o económica, y reducir así la pobreza y la desigualdad.

Varios estudios y experimentos sobre el UBI se han llevado a cabo en diferentes partes del mundo para evaluar sus efectos en la economía, el bienestar individual y la productividad. Entre los experimentos más notables se encuentra el programa piloto de Finlandia (2017-2018), en el que 2,000 desempleados recibieron un ingreso mensual sin restricciones. Este estudio mostró que, aunque el ingreso básico no aumentó significativamente la tasa de empleo, sí mejoró la percepción de bienestar y redujo el estrés de los participantes.

Otro estudio importante fue el de la fundación GiveDirectly en Kenia, que proporcionó ingresos básicos a poblaciones de bajos recursos, evaluando su impacto a largo plazo en el bienestar económico, la educación y la salud. Los resultados iniciales sugirieron una mejora en la calidad de vida y un incremento en las actividades productivas y educativas. Asimismo, en Estados Unidos, iniciativas locales como el Experimento de Stockton, California, implementaron el UBI en 2019, ofreciendo $500 mensuales a 125 residentes de bajos ingresos. Los resultados reflejaron una mejora en la estabilidad financiera y emocional de los participantes.

Estos estudios y pilotos del UBI han proporcionado una valiosa comprensión sobre el potencial y los desafíos de este sistema, alimentando el debate global sobre si el UBI pudiera funcionar como una solución viable y sostenible para mitigar la inseguridad económica y mejorar el bienestar social en una era de automatización y cambios laborales.

Los siguientes experimentos han sido útiles para comprender los efectos de una renta básica o políticas similares en términos de bienestar, salud mental, economía local, y participación laboral, contribuyendo a los debates actuales sobre el potencial de la renta básica universal.

- **Universal Basic Income (UBI) en Finlandia (2017-2018)**

Finlandia fue pionero en la experimentación de un UBI a nivel nacional. Durante dos años, el gobierno otorgó 560 euros mensuales a 2,000 ciudadanos desempleados para estudiar los efectos del ingreso básico en el bienestar y en la reincorporación laboral. Los resultados mostraron una mejora en el bienestar mental, aunque el impacto en la búsqueda de empleo fue mínimo.

- **Mincome en Canadá (1974-1979)**

En Dauphin, Manitoba, el gobierno canadiense experimentó con el "ingreso garantizado" o Mincome, un programa donde las familias de bajos ingresos recibían pagos mensuales incondicionales. El experimento mejoró la salud mental, redujo las hospitalizaciones y mejoró las tasas de graduación escolar.

- **Ingreso Básico Piloto en Stockton, California (2019-2021)**

En Stockton, 125 residentes recibieron 500 USD mensuales incondicionales como parte del proyecto SEED (Stockton Economic Empowerment Demonstration). Los datos mostraron que los beneficiarios lograron mejorar su salud mental, seguridad financiera y tenían más posibilidades de encontrar empleo en comparación con el grupo de control.

- **Renta Básica en Barcelona (B-Mincome)**

En esta prueba, el gobierno de Barcelona otorgó diferentes cantidades de ingresos a familias en situaciones de pobreza en diez barrios. La iniciativa tenía el objetivo de estudiar la reducción de desigualdades y observar cómo se gastaba el dinero en comparación con los grupos de control. Los resultados mostraron mejoras en la inclusión social y una ligera disminución de la dependencia del bienestar público.

- **Oportunidades para Jóvenes en Kenia (GiveDirectly)**

En Kenia, el programa GiveDirectly otorga a hogares rurales ingresos básicos incondicionales para reducir la pobreza extrema y fomentar el desarrollo comunitario. Los efectos en términos de mejora en la nutrición, educación y economía doméstica han sido positivos, con un incremento de la inversión en pequeñas empresas y proyectos agrícolas.

- **Renta Básica para Familias de Bajos Ingresos en Namibia**

En la villa de Otjivero-Omitara, Namibia, una ONG implementó un experimento de renta básica para reducir la pobreza extrema. Los participantes recibieron un pequeño ingreso mensual que resultó en mejoras en salud, nutrición, tasas de escolaridad, e incremento en la participación económica local.

- **Negative Income Tax (NIT) en Estados Unidos (1968-1972)**

Inspirado por Milton Friedman, el concepto de un "impuesto negativo sobre la renta" se probó en cuatro ciudades de Estados Unidos, incluyendo Seattle y Denver. Las familias recibieron un ingreso mínimo garantizado que disminuía a medida que sus ingresos aumentaban. La NIT demostró que podía reducir la pobreza, pero también aumentó ligeramente el desempleo.

- **Renta Básica para Personas Mayores en Alaska (Alaska Permanent Fund)**

Desde 1982, todos los residentes de Alaska reciben un dividendo anual del fondo de recursos naturales del estado. Aunque no es un ingreso básico universal per se, el programa asegura una renta básica anual que mejora los ingresos y calidad de vida de la población.

- **Ingreso Básico Universal en Corea del Sur (Jueño 2020)**

Durante la pandemia, Corea del Sur implementó un ingreso básico de emergencia, proporcionando pagos de 100,000 KRW (aprox. $82 USD) a cada residente de la provincia de Gyeonggi. Este experimento analizó los efectos del dinero extra en el consumo, el bienestar y la estabilidad económica de la población.

- **Ingreso Básico en Utrecht, Países Bajos**

En esta ciudad, se ha experimentado con ingresos básicos a residentes que ya recibían asistencia social. A través de diferentes configuraciones, Utrecht buscó analizar cómo el ingreso básico influye en el empleo y el compromiso cívico, viendo buenos resultados en el bienestar y en la integración social.

A lo largo de los experimentos y estudios de implementación del Universal Basic Income (UBI) antes citados, se han observado tanto beneficios como desafíos, los cuales revelan una visión equilibrada sobre su impacto en las sociedades y economías. Aquí algunas de las conclusiones positivas y negativas que se pueden obtener de estos ensayos:

Conclusiones Positivas

<u>Reducción de la Pobreza y la Desigualdad:</u> El UBI ha demostrado ser efectivo en la reducción de la pobreza extrema y en proporcionar estabilidad económica, especialmente en comunidades vulnerables. Al contar con una fuente segura de ingresos, las personas pueden cubrir sus necesidades básicas, lo que reduce la dependencia de programas de ayuda y fomenta una mayor equidad.

<u>Mejora en el Bienestar Mental y Emocional:</u> Diversos estudios, como el piloto en Finlandia, han mostrado que recibir un ingreso fijo mejora la salud mental de las personas, al reducir el estrés y la ansiedad vinculados a la incertidumbre financiera. Esto lleva a

una mayor satisfacción de vida y, en algunos casos, a un incremento en la productividad y motivación.

<u>Impulso a la Creatividad y al Emprendimiento:</u> Al no estar presionados por la necesidad de un empleo para cubrir sus necesidades básicas, algunos individuos sienten mayor libertad para emprender proyectos creativos, iniciar negocios propios o involucrarse en actividades educativas. Esto se ha observado en experimentos donde algunos participantes utilizan el UBI para mejorar sus habilidades o probar nuevas actividades económicas.

<u>Reducción de la Burocracia:</u> Al establecer un ingreso básico universal, se simplifican los sistemas de ayuda social, reduciendo la necesidad de múltiples programas de asistencia con diferentes requisitos. Esto también puede reducir la carga administrativa para los gobiernos y hacer que la asistencia sea más eficiente.

Conclusiones Negativas

<u>Altos Costos Financieros:</u> Uno de los mayores desafíos de implementar el UBI a gran escala es su financiamiento. Proveer ingresos básicos a toda la población requiere grandes cantidades de recursos, lo cual puede significar un aumento de impuestos o la redistribución de fondos de otros servicios públicos, generando preocupaciones sobre su sostenibilidad a largo plazo.

<u>Posible Desincentivo al Trabajo:</u> Aunque los estudios sugieren que el UBI no necesariamente reduce la participación laboral, algunos críticos temen que, si el ingreso es lo suficientemente alto, podría desincentivar el trabajo, especialmente en empleos mal remunerados

o demandantes. Esto podría afectar la disponibilidad de trabajadores en ciertos sectores esenciales de la economía.

<u>Inflación y Aumento del Costo de Vida:</u> Otro riesgo potencial es que, al incrementar el poder adquisitivo de la población, los precios de bienes y servicios esenciales podrían aumentar. Esto podría limitar el efecto positivo del UBI, ya que el costo de vida también subiría, reduciendo el valor real del ingreso básico.

<u>Falta de Adaptación a Contextos Diferentes:</u> Los resultados de los experimentos han variado significativamente entre países y contextos económicos distintos. La efectividad del UBI en países desarrollados podría no ser la misma en países en desarrollo, donde el costo de implementación y la capacidad económica varían enormemente, haciendo el modelo difícil de aplicar de forma uniforme.

<u>Impacto en la Productividad Nacional:</u> Aunque los resultados no son concluyentes, existe preocupación sobre cómo el UBI podría afectar la productividad a nivel macroeconómico. En algunas comunidades, podría incrementar la participación en empleos informales o menos regulados, lo cual podría tener un impacto en la economía formal a largo plazo.

La implementación del UBI presenta tanto ventajas notables como desafíos importantes que requieren un análisis detallado y adaptado a cada contexto socioeconómico. Si bien ha mostrado grandes beneficios en términos de estabilidad financiera, salud mental y reducción de la pobreza, el costo financiero y los posibles efectos sobre la economía formal y la estructura laboral requieren soluciones creativas y sostenibles. La investigación continua en torno al UBI y sus efectos es crucial para determinar su viabilidad a largo plazo como una política social efectiva a nivel mundial.

2.   El experimento de Facebook sobre el Contagio Emocional

En 2012, Facebook realizó un estudio controversial sobre cómo las emociones de los usuarios pueden ser influenciadas por el contenido que ven en sus redes sociales. Llamado el "Experimento de Contagio Emocional," este estudio fue diseñado para analizar si el tipo de contenido en el feed de noticias de una persona podía afectar sus estados de ánimo y, en consecuencia, su comportamiento en la plataforma. Publicado en 2014 en la revista científica Proceedings of the National Academy of Sciences, el estudio rápidamente desató un debate ético sobre la manipulación de datos en redes sociales.

El propósito principal del experimento era entender cómo los usuarios de Facebook respondían emocionalmente al contenido positivo o negativo en sus feeds. En particular, los investigadores de Facebook querían analizar si el "contagio emocional" – el fenómeno por el cual las emociones se transmiten de una persona a otra sin contacto directo – ocurría también en redes sociales. Al ser una plataforma con millones de usuarios, Facebook se convirtió en un campo de pruebas ideal para estudiar cómo las interacciones digitales pueden moldear emociones, lo cual interesaba tanto desde una perspectiva psicológica como en términos de optimización de la plataforma.

El experimento se realizó en una semana de 2012 y se involucraron casi 700,000 usuarios de Facebook, sin su conocimiento o consentimiento explícito. Facebook dividió a los usuarios en varios grupos y manipuló el contenido que veían en su feed de noticias de la siguiente manera:

Grupo de Contenido Positivo Reducido: A algunos usuarios se les redujo la cantidad de publicaciones con palabras positivas, de manera que sus feeds mostraran más publicaciones neutras o negativas.

Grupo de Contenido Negativo Reducido: A otro grupo de usuarios se les redujo la cantidad de publicaciones con palabras negativas, de modo que su feed contenía principalmente contenido neutro o positivo.

Grupo de Control: Un grupo de usuarios mantuvo su feed de noticias sin modificaciones.

Facebook utilizó un algoritmo para filtrar palabras positivas o negativas en el contenido y crear los diferentes entornos emocionales para cada grupo. La finalidad era ver si el tipo de contenido que los usuarios veían influía en el tono de sus publicaciones subsecuentes. Por ejemplo, si un usuario veía principalmente contenido negativo, los investigadores querían saber si esto aumentaría la probabilidad de que el usuario también publicara contenido con un tono negativo.

Los resultados del experimento indicaron que, en efecto, el contagio emocional podía ocurrir en redes sociales:

<u>Incremento de Emociones Positivas y Negativas</u>: Los usuarios expuestos a contenido más positivo tendieron a publicar más mensajes con un tono positivo, mientras que aquellos expuestos a contenido más negativo mostraron una tendencia a escribir publicaciones negativas. Este fenómeno indicó que las emociones en redes sociales pueden ser "contagiosas" de una manera similar a las emociones en interacciones cara a cara.

<u>Reducción de la Expresión Emocional</u>: Los investigadores notaron también que, cuando los usuarios eran expuestos a menos contenido emocional (ya fuera positivo o negativo), tendían a publicar menos en general. Esto sugiere que el contenido emocional de los demás influye en los niveles de participación de los usuarios en la plataforma.

Los hallazgos reforzaron la idea de que las emociones en redes sociales pueden afectar el comportamiento de los usuarios a gran escala, y de que el contenido en los feeds de noticias puede moldear el estado de ánimo y la interacción en línea. Aunque el efecto observado fue pequeño, el alcance masivo de las redes sociales implica que incluso pequeños efectos pueden tener un impacto significativo cuando se aplican a millones de usuarios.

La publicación del estudio en 2014 desató una controversia global. Los usuarios y los expertos en ética criticaron a Facebook por manipular el contenido emocional sin consentimiento explícito. Aunque el estudio había sido aprobado por el equipo de investigación de Facebook y estaba en conformidad con sus términos de servicio, no había informado a los usuarios de los cambios realizados en sus feeds. Esto generó preocupación sobre la falta de transparencia y el posible abuso del poder de las plataformas sociales para manipular el estado emocional y la conducta de sus usuarios.

Las críticas destacaron que Facebook había tomado decisiones sobre el estado emocional de las personas sin su conocimiento, lo cual fue visto como una violación a la ética de la investigación. Algunos psicólogos y expertos en derechos digitales argumentaron que el estudio podría haber tenido efectos psicológicos adversos en los participantes, quienes no habían tenido la oportunidad de dar su consentimiento informado para participar.

El experimento sobre el contagio emocional en Facebook sentó un precedente en la relación entre ética y tecnología en la era digital. Aunque los resultados del estudio aportaron al conocimiento sobre cómo las emociones se propagan en redes sociales, también plantearon preguntas críticas sobre la privacidad y el consentimiento de los usuarios. Esto llevó a Facebook y a otras plataformas a reflexionar sobre cómo diseñar investigaciones de manera ética y con mayor respeto hacia la autonomía de sus usuarios.

Como resultado de la controversia, algunas empresas tecnológicas han comenzado a adoptar enfoques más transparentes para sus investigaciones. Hoy en día, la ética de la investigación digital ha evolucionado y busca equilibrar el aprendizaje con la protección de los derechos individuales, especialmente en un entorno donde las plataformas tienen la capacidad de influir en las emociones y comportamientos de millones de personas.

3.   El Experimento del Proyecto de Memoria Global: Wikipedia (2001-presente)

Desde su creación en 2001, Wikipedia ha sido uno de los experimentos sociales de colaboración y acceso a la información más ambiciosos de la era digital. Fundada por Jimmy Wales y Larry Sanger, Wikipedia se propuso crear una "enciclopedia libre" que cualquier persona, en cualquier lugar del mundo, pudiera editar y consultar sin costo alguno. Este proyecto, que comenzó como una idea de colaboración abierta, ha crecido para convertirse en una de las principales fuentes de información en línea, atrayendo a millones de usuarios y editores que aportan y mantienen actualizados sus contenidos diariamente.

Los fundadores de Wikipedia compartían la visión de democratizar el conocimiento y creían que la colaboración masiva podría ofrecer un acceso universal a la información. Previo a Wikipedia, las enciclopedias tradicionales eran costosas, estaban limitadas a autores especializados y controladas por empresas editoriales que actualizaban su contenido de manera esporádica. Wales y Sanger aspiraban a un modelo diferente: un recurso libre y en constante actualización, impulsado por voluntarios y accesible para cualquier persona con acceso a internet.

Wikipedia también planteó un enfoque de "inteligencia colectiva", basándose en la idea de que los aportes de muchos, organizados adecuadamente, podrían producir una obra colectiva de alta calidad. Al permitir que cualquiera pudiera contribuir, Wikipedia buscaba capturar una diversidad de perspectivas, consolidando una especie de "memoria global" del conocimiento humano.

Wikipedia se lanzó en enero de 2001 como una enciclopedia en línea en inglés, con un enfoque innovador: todos los usuarios podían agregar, editar o eliminar contenido en sus artículos. A diferencia de los sitios controlados por expertos, Wikipedia se construyó bajo la confianza de que la comunidad mantendría los contenidos verificados y confiables. Los principales aspectos que definieron el éxito del proyecto fueron:

<u>Código Abierto y Colaboración Masiva:</u> Wikipedia permitió que cualquier persona con una cuenta pudiera contribuir. El modelo de "wiki" facilitó la edición rápida y flexible, permitiendo que los artículos se corrigieran, ampliaran y perfeccionaran en tiempo real por cualquier persona, en cualquier momento.

<u>Autogestión Comunitaria:</u> Aunque Wikipedia cuenta con un grupo de administradores, la comunidad en general se encarga de vigilar la precisión, la relevancia y el cumplimiento de las políticas de edición. Wikipedia también implementó reglas básicas para la colaboración, como la "neutralidad de punto de vista," y la "verificabilidad," entre otras políticas.

Diversificación Lingüística: El proyecto rápidamente se expandió a otros idiomas, abriendo versiones en español, alemán, francés y muchos más. Actualmente, Wikipedia está disponible en más de 300 idiomas, lo que permite a personas de todo el mundo contribuir en sus propios idiomas y en sus contextos culturales únicos.

Modificación y Expansión Continua: La flexibilidad de Wikipedia permite que los artículos se mantengan actualizados casi en tiempo real, especialmente en eventos relevantes y temas populares, una ventaja inigualable frente a las enciclopedias tradicionales.

Wikipedia ha experimentado un crecimiento exponencial desde su lanzamiento, con más de 55 millones de artículos y una comunidad activa de editores voluntarios en todo el mundo. Hoy, Wikipedia es la quinta página web más visitada a nivel global y se ha convertido en una referencia confiable para millones de personas, estudiantes, periodistas, académicos y profesionales en todas las áreas. A continuación, se destacan algunos de los principales resultados del proyecto:

Éxito en la Democratización del Conocimiento: Wikipedia se ha convertido en una herramienta accesible y gratuita para el acceso al conocimiento en una escala nunca vista. Ha permitido que personas de todas las edades y niveles educativos encuentren información confiable y detallada sobre casi cualquier tema imaginable.

<u>Fomento de la Cultura de Colaboración y el Voluntariado Digital:</u> La comunidad de Wikipedia ha demostrado que la colaboración masiva es posible y efectiva. Miles de voluntarios contribuyen diariamente, ya sea creando artículos, mejorando contenidos existentes o revisando información para asegurar su precisión.

<u>Adaptación y Respuesta Rápida a Eventos Actuales:</u> Uno de los logros más destacados de Wikipedia es su capacidad para proporcionar información en tiempo real sobre eventos actuales, desde desastres naturales y elecciones hasta pandemias globales. La comunidad responde rápidamente a eventos en desarrollo, proporcionando contexto y actualizaciones de manera inmediata.

<u>Desafíos de Veracidad y Control de Calidad:</u> Aunque Wikipedia es ampliamente utilizada, su apertura presenta desafíos de precisión y confiabilidad. La posibilidad de que cualquiera pueda editarla ha llevado a vandalismo y desinformación ocasional. Sin embargo, la comunidad implementa mecanismos de control y revertido de cambios que permiten corregir errores rápidamente, y los artículos más controvertidos se encuentran bajo vigilancia estricta.

<u>Impacto Educativo y Académico:</u> Aunque algunas instituciones educativas inicialmente desestimaron Wikipedia como fuente de consulta, el tiempo ha demostrado su utilidad educativa. En muchos casos, Wikipedia actúa como una referencia introductoria y, para muchos estudiantes, representa su primer contacto con el proceso de investigación. Actualmente, algunas instituciones reconocen su valor pedagógico y

enseñan a los estudiantes a utilizarla de manera crítica y complementaria.

Wikipedia ha cambiado la manera en que el mundo accede y comparte el conocimiento, demostrando el poder de la colaboración en la era digital. Su modelo de "inteligencia colectiva" ha inspirado a otros proyectos de código abierto y ha demostrado que una comunidad global puede autogestionarse con éxito y producir un recurso invaluable de conocimiento compartido.

Este proyecto, sin embargo, no está exento de desafíos. La plataforma sigue trabajando en la precisión de sus artículos, en la diversidad de sus editores y en garantizar que las perspectivas incluyan una representación equilibrada de género, cultura e idiomas. A pesar de estos retos, Wikipedia sigue siendo un símbolo de colaboración global y del compromiso con el acceso libre al conocimiento.

El éxito de Wikipedia continúa inspirando la creación de nuevos modelos de educación abierta y recursos colaborativos que intentan seguir sus pasos. El "Proyecto de Memoria Global" que Wikipedia representa no solo es un logro técnico, sino un ejemplo duradero de cómo la humanidad puede unir esfuerzos para preservar y compartir su conocimiento para generaciones futuras.

4. El experimento de Juego de Realidad Alternativa: World Without Oil (2007)

En 2007, el juego de realidad alternativa (ARG, por sus siglas en inglés) World Without Oil llevó a miles de personas a imaginar, experimentar y proponer soluciones para enfrentar una crisis mundial de petróleo. Este experimento no solo propuso una narrativa inmersiva en la que los participantes vivían los efectos de una crisis energética, sino que buscaba crear conciencia sobre la dependencia global del petróleo y las repercusiones de su escasez. Fue uno de los primeros experimentos de este tipo, donde los participantes exploraron un mundo ficticio que los llevó a reflexionar sobre problemas reales.

La idea detrás de World Without Oil surgió de la creciente preocupación mundial por el agotamiento de los recursos naturales y la dependencia excesiva del petróleo. En la década de 2000, los precios del petróleo alcanzaron niveles récord, y el debate sobre la sostenibilidad de los combustibles fósiles estaba en auge. Este juego de realidad alternativa fue diseñado para educar y sensibilizar a los jugadores sobre la importancia de la energía sostenible, los desafíos de la vida sin petróleo, y cómo los individuos podrían prepararse y adaptarse a una posible crisis energética.

World Without Oil fue financiado por la Corporación para la Difusión Pública (Corporation for Public Broadcasting) en Estados Unidos, con el objetivo de involucrar al público en una experiencia interactiva sobre un problema que podría convertirse en una realidad en un futuro cercano. Los creadores querían explorar cómo las personas enfrentarían desafíos como la escasez de alimentos, el transporte limitado y la dependencia de la energía en el contexto de una escasez global de petróleo.

El experimento comenzó en abril de 2007 y duró seis semanas. Los creadores publicaron una serie de escenarios ficticios que describían los primeros días de una crisis de suministro de petróleo, lo que generó un impacto en todos los aspectos de la vida cotidiana. A partir de allí, los participantes fueron invitados a interactuar con esta narrativa y vivir la crisis como si fuera real, mediante los siguientes elementos clave:

Narrativa Interactiva y Participativa: La historia del juego progresaba a diario, describiendo cómo la crisis se intensificaba. Los participantes podían seguir las actualizaciones a través de blogs, redes sociales, videos, correos electrónicos y otros medios. Esta narrativa fue diseñada para que los jugadores sintieran la evolución de la crisis en tiempo real y experimentaran sus efectos en su vida cotidiana.

Simulación Personalizada: A diferencia de otros juegos, World Without Oil no proporcionaba un conjunto de reglas o un objetivo claro. Los participantes tenían libertad para crear y compartir sus propias experiencias, decisiones y estrategias de adaptación ante la crisis ficticia. A través de blogs, videos, fotos y diarios, los jugadores narraban cómo se estaban adaptando, explorando desafíos como la escasez de alimentos, el aumento de precios y la dificultad para desplazarse.

Red de Soluciones y Colaboración Global: A medida que los jugadores compartían sus experiencias, el juego se convirtió en un espacio de colaboración. Los participantes intercambiaban ideas sobre cómo reducir el consumo de petróleo, buscaban alternativas de transporte, y exploraban fuentes de energía renovable. El juego incentivó a la comunidad a pensar colectivamente en cómo sobrevivir y, más allá de eso, prosperar en un mundo sin petróleo.

<u>Retroalimentación Constante:</u> El equipo detrás del juego interactuaba activamente con los participantes, adaptando y respondiendo a sus aportaciones para que el juego fuera lo más realista y personalizado posible. Esta retroalimentación ayudaba a que los jugadores sintieran que sus contribuciones eran relevantes y que estaban ayudando a moldear el desarrollo de la narrativa.

World Without Oil fue un éxito en términos de participación y generación de conciencia sobre la crisis energética. Aunque fue un juego de realidad alternativa, los participantes vivieron la experiencia de manera tan real que algunos incluso hicieron cambios en sus estilos de vida. A continuación, se destacan los principales resultados:

<u>Conciencia Aumentada sobre la Crisis Energética:</u> Uno de los logros más notables del juego fue que generó conciencia en los participantes sobre la gravedad de una crisis energética. Los participantes reportaron que la experiencia los llevó a cuestionar su dependencia del petróleo y a reflexionar sobre la sostenibilidad en sus propias vidas. Esto ayudó a sensibilizar a los jugadores sobre la importancia de las energías renovables y la reducción del consumo de recursos fósiles.

<u>Cambios en el Comportamiento de los Participantes:</u> Muchos jugadores afirmaron que el juego los motivó a adoptar prácticas más sostenibles, como el uso de bicicletas en lugar de automóviles, la reducción del consumo de energía en sus hogares y el reciclaje. En varios testimonios, los participantes compartieron que habían comenzado a aplicar algunos de los cambios que imaginaron durante el juego en su vida diaria, lo que demuestra el poder de los juegos de realidad alternativa para influir en el comportamiento de las personas.

<u>Desarrollo de Soluciones Creativas:</u> El juego fomentó la colaboración en la búsqueda de soluciones prácticas ante la falta de petróleo. Los participantes idearon estrategias de transporte compartido, métodos de agricultura urbana, alternativas de energía renovable e ideas de comercio local. Este intercambio de soluciones creativas demostró el potencial de los ARG para fomentar la creatividad y la innovación en problemas globales.

<u>Modelo para Futuros Juegos de Conciencia Social:</u> World Without Oil estableció un precedente para los juegos de realidad alternativa orientados a la conciencia social y el cambio de comportamiento. Inspiró la creación de otros ARG y simulaciones educativas que buscan explorar temas de cambio climático, sostenibilidad y acción social. Su éxito demostró que los juegos pueden ser una herramienta poderosa para educar y movilizar a las personas sobre problemas sociales y ambientales.

World Without Oil mostró que los juegos de realidad alternativa pueden ser herramientas valiosas para explorar y prepararse para problemas complejos y globales. Al invitar a los jugadores a "vivir" una crisis energética, el juego les permitió experimentar los desafíos y tensiones de un mundo sin petróleo de una manera realista y emocionalmente impactante. Esto no solo aumentó la comprensión del problema, sino que motivó a los participantes a considerar cambios en su propio estilo de vida y a explorar formas más sostenibles de vivir.

World Without Oil demostró que el cambio de comportamiento puede ser impulsado a través de la empatía y la experiencia directa, aún en un contexto ficticio, dejando una marca duradera en sus participantes y ofreciendo un ejemplo poderoso de cómo la colaboración global puede abordar problemas complejos.

5. El estudio "Corruption, Attitudes, and Incentives in Europe" (2015): Comprendiendo la corrupción en el contexto europeo

El estudio "Corruption, Attitudes, and Incentives in Europe", realizado en 2015, fue uno de los primeros intentos exhaustivos para entender cómo las actitudes hacia la corrupción y las percepciones sobre su normalización varían entre los ciudadanos de diferentes países europeos. Esta investigación, realizada por un equipo de economistas y politólogos, buscaba analizar las raíces de la corrupción desde una perspectiva social y económica, arrojando luz sobre cómo la corrupción influye en las percepciones, actitudes y en las decisiones políticas de la población europea.

La corrupción es un problema persistente en muchas economías y sociedades a nivel mundial, y Europa no es la excepción. Aunque en muchos países europeos los niveles de corrupción son bajos en comparación con otras regiones, se reconocía que el fenómeno seguía afectando negativamente el desarrollo social y la estabilidad económica en diversas naciones del continente. Los motivos específicos del estudio incluían:

<u>Comprender el Impacto de la Corrupción en la Economía y la Política:</u> La corrupción afecta el desarrollo económico y erosiona la confianza pública en las instituciones. Los investigadores estaban interesados en estudiar cómo la corrupción podría influir en el comportamiento de los ciudadanos, particularmente en sus decisiones electorales y en su disposición a cumplir con las normas legales.

<u>Analizar las Actitudes hacia la Corrupción en Diferentes Contextos:</u> Los países europeos presentan diferentes historias, culturas políticas y niveles de transparencia en sus gobiernos. El estudio pretendía analizar cómo las actitudes hacia la corrupción podían variar en función de estos factores, y si existían patrones que ayudaran a explicar por qué algunos países experimentan mayores niveles de corrupción que otros.

<u>Evaluar los Incentivos para Combatir o Tolerar la Corrupción:</u> Uno de los aspectos más relevantes del estudio era entender los incentivos y sanciones relacionados con la corrupción, tanto para ciudadanos como para funcionarios públicos. El equipo buscaba identificar qué factores podrían motivar una mayor transparencia y cómo los incentivos pueden influir en la tolerancia hacia actos corruptos.

El estudio "Corruption, Attitudes, and Incentives in Europe" fue un trabajo empírico basado en encuestas y experimentos de campo que involucraron a miles de ciudadanos en diferentes países europeos. A continuación, se detalla el enfoque metodológico utilizado:

<u>Encuestas a gran escala:</u> Los investigadores llevaron a cabo encuestas en varios países europeos, recopilando respuestas de un amplio grupo de participantes de diferentes estratos sociales, niveles de educación, y contextos económicos. Las preguntas abordaban temas como la percepción de corrupción en la política y en el sistema judicial, la frecuencia con la que los ciudadanos consideraban que sus líderes eran corruptos, y su tolerancia o disposición a aceptar comportamientos corruptos bajo ciertas circunstancias.

Experimentos de Campo sobre Decisiones Éticas y Legales: Los investigadores también realizaron experimentos que ponían a los participantes en situaciones hipotéticas para observar sus decisiones ante dilemas éticos y legales relacionados con la corrupción. Por ejemplo, se les pidió que imaginaran situaciones en las que pudieran evitar el pago de impuestos sin ser descubiertos, o poner en consideración si denunciarían a quien cometiera un acto corrupto si esto pusiera en riesgo su seguridad.

<u>Análisis comparativo entre países:</u> Los datos recopilados fueron analizados y comparados entre los diferentes países europeos participantes. Este enfoque permitió a los investigadores identificar diferencias y similitudes en las actitudes hacia la corrupción y en cómo cada país responde al problema. También se analizaron los factores económicos y sociales, como el PIB y el nivel de transparencia gubernamental, para comprender cómo estos influían en las actitudes y percepciones.

El estudio reveló patrones significativos en las actitudes hacia la corrupción y en los incentivos para combatirla o tolerarla en Europa. Entre los hallazgos más destacados se encuentran:

<u>Percepción de la corrupción como un problema generalizado:</u> En muchos países, la corrupción era percibida como un problema amplio y sistémico, aunque la magnitud de esta percepción variaba. En países como Italia y Grecia, por ejemplo, los ciudadanos percibían altos niveles de corrupción, especialmente en el ámbito político y judicial. En contraste, en países nórdicos como Suecia y Noruega, la percepción de corrupción era mucho menor y la confianza en las instituciones más elevada.

<u>Influencias Culturales y Regionales:</u> Los resultados mostraron que los países con una cultura política más

centrada en la transparencia y en el cumplimiento de la ley tendían a tener una menor tolerancia hacia la corrupción. Por otro lado, en algunos países del sur y este de Europa, la corrupción era percibida con mayor normalidad, y en ciertos casos los ciudadanos mostraban una mayor disposición a aceptar actos corruptos, especialmente si creían que estos podrían generar beneficios económicos.

<u>Impacto de la corrupción en la participación cívica y política:</u> La corrupción tuvo un efecto directo sobre el nivel de participación cívica y política. En general, los ciudadanos de los países con mayores índices de corrupción expresaron una menor disposición a participar en la política, votar o involucrarse en organizaciones comunitarias. La percepción de que la corrupción estaba profundamente arraigada en el sistema desalentaba a los ciudadanos de ejercer su derecho al voto y de confiar en el cambio a través de los mecanismos políticos.

<u>Efectos sobre la Confianza en las Instituciones:</u> La confianza en las instituciones, incluyendo la justicia y el gobierno, se veía afectada negativamente en los países donde la corrupción era percibida como un problema significativo. Los ciudadanos de estos países tenían una menor disposición a reportar actividades ilegales o a confiar en el sistema judicial para resolver conflictos de manera imparcial.

<u>Reacciones al castigo y los incentivos:</u> Los participantes en países donde las sanciones contra la corrupción eran estrictas y visibles tendían a mostrar menos disposición a tolerar actos corruptos, en comparación con aquellos en países donde los castigos

no eran claros o eran inconsistentes. Esto evidenció la importancia de un sistema legal robusto para disuadir la corrupción.

El estudio "Corruption, Attitudes, and Incentives in Europe" demostró que las actitudes hacia la corrupción y las percepciones sobre su normalización varían ampliamente en Europa y que estas diferencias están influenciadas por factores culturales, económicos y políticos. La percepción de corrupción no solo afecta la confianza en las instituciones, sino que también tiene consecuencias directas sobre la participación política y el compromiso cívico de los ciudadanos.

Entre las lecciones clave del estudio se encuentra la importancia de implementar mecanismos transparentes y efectivos para la rendición de cuentas en los países donde la corrupción es percibida como un problema sistémico. Asimismo, resaltó que el cambio cultural hacia una menor tolerancia a la corrupción puede requerir políticas educativas que promuevan la ética cívica y la transparencia desde temprana edad.

Este estudio no solo ayudó a comprender mejor las actitudes y reacciones frente a la corrupción en Europa, sino que también sentó las bases para futuras investigaciones sobre cómo construir una cultura de integridad y transparencia en la gestión pública.

6.   El experimento de las "Huelgas por el Clima" (2019): Un llamado global a la acción climática

Las Huelgas por el Clima de 2019 representaron un experimento social y ambiental a nivel global, en el que millones de personas, especialmente jóvenes, participaron para exigir acciones concretas frente al cambio climático. Este movimiento se basó en huelgas y protestas pacíficas que se realizaron en múltiples ciudades de todo el mundo y que generaron una repercusión sin precedentes, siendo impulsado en gran medida por la activista sueca Greta Thunberg. Con más de 150 países involucrados, el movimiento se convirtió en una demostración masiva del poder de la movilización social y de la creciente preocupación mundial por el cambio climático.

Los motivos detrás de las Huelgas por el Clima se basaron en la necesidad urgente de tomar medidas globales para combatir el cambio climático. Entre las principales motivaciones se encuentran:

<u>Conciencia sobre la crisis climática:</u> Con informes de organismos internacionales como el Panel Intergubernamental sobre Cambio Climático (IPCC) que advertían sobre el calentamiento global, las huelgas tenían como objetivo aumentar la conciencia pública sobre la inminente crisis climática y las graves consecuencias de la inacción.

<u>Presión a los Gobiernos para Tomar Medidas:</u> A través de la movilización global, el movimiento buscaba ejercer presión sobre los líderes y gobiernos del mundo para que implementaran políticas ambientales sólidas y comprometieran recursos para limitar el aumento de

la temperatura global a niveles seguros, principalmente mediante la reducción de emisiones de gases de efecto invernadero.

Empoderamiento de la Juventud y la Generación Z: Uno de los aspectos únicos de las Huelgas por el Clima fue que fueron dirigidas principalmente por jóvenes que, preocupados por su futuro en un planeta en deterioro, tomaron la iniciativa de liderar un cambio que los adultos aún no habían logrado. La movilización se convirtió en una plataforma para que los jóvenes expresaran su derecho a un futuro habitable y saludable.

El movimiento de huelgas fue coordinado principalmente a través de redes sociales y plataformas de comunicación en línea, lo que permitió la rápida organización de protestas masivas en varias ciudades del mundo de manera casi simultánea. Las siguientes fueron las principales características de cómo se llevó a cabo este experimento social y ambiental:

Coordinación Global: Las huelgas fueron organizadas por movimientos como Fridays for Future, fundado por Greta Thunberg, y otras organizaciones climáticas. A través de las redes sociales, los activistas compartían información sobre las fechas, lugares y objetivos de cada protesta, creando una red global interconectada.

Protestas pacíficas y actos simbólicos: En la mayoría de los casos, las huelgas consistieron en protestas pacíficas y actos simbólicos, donde los participantes llevaban pancartas, coreaban consignas y realizaban actividades que llamaban la atención sobre los efectos devastadores del cambio climático. Las huelgas variaban desde pequeñas concentraciones en escuelas y comunidades hasta manifestaciones multitudinarias en capitales internacionales.

<u>Participación de diversos sectores de la sociedad:</u> Aunque el movimiento fue impulsado principalmente por jóvenes, también involucró a profesores, padres, científicos, y activistas de todas las edades y orígenes. Este apoyo intergeneracional dio fuerza y legitimidad al movimiento, atrayendo más atención y cobertura mediática.

<u>Movilización en fechas clave:</u> La huelga más significativa se llevó a cabo el 20 de septiembre de 2019, en la que se estima que participaron más de 4 millones de personas en todo el mundo. Esta fecha fue seleccionada estratégicamente, coincidiendo con la Cumbre de Acción Climática de la ONU, para maximizar la presión sobre los líderes globales y llevar el mensaje a las Naciones Unidas.

Las Huelgas por el Clima de 2019 lograron una visibilidad y un impacto sin precedentes, generando cambios tangibles e intangibles en la lucha contra el cambio climático. A continuación, se destacan los principales resultados:

<u>Aumento de la conciencia pública y Medios de Comunicación:</u> Las huelgas captaron la atención de medios internacionales y pusieron el tema del cambio climático en el centro del debate global. Las noticias de las protestas, la cobertura de las demandas de los manifestantes y la visibilidad de los líderes juveniles contribuyeron a sensibilizar a la opinión pública sobre la urgencia de tomar medidas climáticas.

Compromisos políticos y empresariales: En respuesta a la presión del movimiento, varios líderes y empresas comenzaron a hacer compromisos para reducir sus emisiones de carbono. Algunos países anunciaron planes de transición a energías renovables y se comprometieron a limitar sus emisiones para cumplir con los objetivos del Acuerdo de París. Grandes empresas también comenzaron a tomar medidas para hacer sus operaciones más sostenibles.

Empoderamiento de la juventud como agente de cambio: Las huelgas otorgaron un protagonismo sin precedentes a los jóvenes en la lucha contra el cambio climático. Este movimiento empoderó a la juventud, que se dio cuenta de que podía influir en la política y en las decisiones de los adultos. Greta Thunberg se convirtió en un símbolo de la lucha climática, y muchos jóvenes se sintieron inspirados a participar activamente en causas medioambientales.

Influencia en políticas educativas y científicas: La relevancia de las huelgas también fomentó cambios en la educación. En algunos países, las instituciones educativas comenzaron a implementar programas que abordan el cambio climático y la sostenibilidad, y la ciencia climática recibió mayor financiamiento. Esto demostró que los jóvenes no solo buscaban cambios a corto plazo, sino también una mayor integración de la educación climática en los sistemas educativos.

Conciencia de las limitaciones y críticas: Aunque las huelgas tuvieron un impacto significativo en la concienciación y movilización, también enfrentaron críticas y desafíos. Algunos gobiernos se mostraron resistentes al cambio, y ciertos sectores señalaron que las huelgas, aunque masivas, aún no habían logrado resultados concretos en cuanto a políticas efectivas. Sin embargo, estas críticas también resaltaron la complejidad de la lucha contra el cambio climático y la necesidad de seguir presionando para lograr cambios reales.

Las Huelgas por el Clima de 2019 demostraron que el activismo juvenil y la movilización social tienen el poder de influir en la agenda política global y de crear un cambio significativo en la conciencia pública. Este experimento evidenció el valor de la acción colectiva para exigir responsabilidades a los gobiernos y empresas y marcó un hito en la historia de los movimientos ambientales.

La acción global también reflejó las barreras que enfrentan los movimientos sociales para lograr cambios sistémicos en políticas y prácticas industriales. Sin embargo, las huelgas lograron mantener el tema del cambio climático en la agenda pública, transformando la percepción de la juventud como un agente pasivo a uno activo y decidido a proteger su futuro.

El movimiento se convirtió en un llamado de atención para líderes de todo el mundo, subrayando que la inacción no es una opción y que, a medida que el tiempo pasa, el costo de no hacer nada aumenta. Las Huelgas por el Clima nos recuerdan la urgencia de tomar decisiones sostenibles y de fomentar una cultura de acción climática que no solo pertenezca a una generación, sino a toda la sociedad.

7. El experimento de los "Doodles de Google" sobre la Memoria Colectiva (2000-presente): Un viaje visual para celebrar la Cultura Global

Desde el año 2000, Google ha creado una forma única de conmemorar eventos, figuras históricas y celebraciones mediante sus "Google Doodles," pequeñas ilustraciones o animaciones en su página de inicio que modifican su logotipo para reflejar fechas especiales o efemérides importantes. Este "experimento" de intervención visual ha evolucionado hasta convertirse en una práctica cultural que conecta a personas de todo el mundo, celebrando hitos y figuras culturales que, en muchos casos, pasan desapercibidos en otros espacios. Este proyecto, que se ha expandido a nivel global, ha probado ser una herramienta poderosa para cultivar la memoria colectiva y, al mismo tiempo, fomentar el conocimiento y la apreciación de culturas y figuras históricas de diversas partes del mundo.

Los Google Doodles nacieron con el objetivo de hacer de la experiencia de búsqueda algo dinámico, entretenido y, a la vez, educativo. A través de este recurso visual, Google pretendía no solo embellecer su página principal, sino también:

Conmemorar Acontecimientos Históricos y Culturales: Los Doodles se diseñaron como una forma de honrar tanto celebraciones globales como eventos históricos específicos, creando un sentido de unidad entre los usuarios al recordar fechas y figuras importantes.

Destacar y Difundir Culturas y Tradiciones Globales: Con la expansión de Google a nivel internacional, el interés por reflejar diversas culturas y tradiciones también aumentó. Los Doodles se convirtieron en una forma accesible de educar a los usuarios sobre festividades, personajes históricos y logros culturales que muchas veces eran desconocidos fuera de sus regiones de origen.

<u>Estimular la Curiosidad y el Aprendizaje:</u> Google quiso transformar su motor de búsqueda en algo más que una herramienta de consulta, convirtiéndolo en un medio educativo en el que los usuarios se sintieran motivados a investigar más sobre los temas representados. Así, cada Doodle servía como una puerta de entrada para el conocimiento, ofreciendo enlaces a información relacionada con el personaje, evento o tema ilustrado.

<u>Crear una Memoria Colectiva a Través de lo Visual</u>: A lo largo de los años, los Doodles han ayudado a forjar una memoria colectiva, no solo recordando fechas y eventos actuales, sino también rescatando figuras y logros históricos. Este recurso ha permitido que generaciones enteras aprendan y mantengan en la memoria personajes y eventos importantes, incluso aquellos que podrían haberse desvanecido en el tiempo.

La creación y presentación de los Google Doodles evolucionó de una práctica ocasional en la década del 2000 a una actividad cotidiana gestionada por un equipo especial de artistas e ingenieros conocido como el "Doodle Team." El proceso de diseño e implementación se lleva a cabo de la siguiente manera:

<u>Selección de Temas:</u> El equipo de Doodles planifica un calendario anual que incluye eventos globales, festividades culturales y aniversarios de figuras históricas de distintas disciplinas como ciencia, arte, literatura y deportes. Google también responde a sugerencias de usuarios de todo el mundo, lo que permite que la selección de temas refleje una diversidad de intereses y culturas.

<u>Investigación y Diseño:</u> Una vez seleccionados los temas, el equipo realiza una investigación exhaustiva para entender la relevancia histórica o cultural de cada celebración o figura. Esto permite diseñar Doodles que reflejen de manera auténtica los eventos, culturas o personajes que representan, respetando y destacando sus contextos históricos y culturales.

<u>Variación Local y Personalización Regional:</u> Google ha adaptado sus Doodles para que aparezcan en países o regiones específicas, lo que ha permitido que el contenido sea más relevante para los usuarios. Por ejemplo, los aniversarios de figuras nacionales pueden celebrarse exclusivamente en ciertos países, mientras que eventos como el Día de la Independencia o festividades religiosas son adaptados para cada región.

<u>Interactividad y Tecnología Avanzada:</u> Con el tiempo, los Doodles se han vuelto más interactivos, incorporando animaciones, juegos e incluso realidad aumentada. Esto ha llevado el experimento a otro nivel, permitiendo a los usuarios interactuar con el contenido de forma lúdica, lo cual fomenta una experiencia de aprendizaje más profunda.

El impacto de los Google Doodles ha sido enorme, tanto en el ámbito cultural como educativo. Los resultados más destacados incluyen:

<u>Ampliación del Conocimiento Cultural y Científico:</u> Los Doodles han logrado que personas de todas partes del mundo conozcan figuras históricas, descubrimientos científicos y tradiciones culturales que de otro modo habrían pasado desapercibidos. Este alcance global ha sido fundamental para promover una apreciación de la diversidad cultural y el respeto por la historia compartida de la humanidad.

<u>Refuerzo de la Memoria Colectiva:</u> Gracias a los Doodles, personajes y eventos importantes en la historia no se pierden en el olvido. Google ha hecho posible que muchos usuarios de internet puedan recordar eventos que ocurrieron hace siglos, así como acontecimientos contemporáneos. En este sentido, Google ha ayudado a crear una memoria colectiva visual y accesible que une a generaciones de usuarios.

<u>Inspiración para el Aprendizaje y la Investigación:</u> Al hacer visibles personajes históricos y eventos importantes, los Doodles han inspirado a los usuarios a investigar y aprender más sobre los temas ilustrados. Esto es especialmente relevante para los estudiantes, quienes encuentran en estas representaciones un incentivo para profundizar en temas científicos, culturales y artísticos.

<u>Promoción de Valores de Inclusión y Diversidad:</u> La diversidad de los temas seleccionados ha ayudado a reflejar una visión inclusiva, destacando personajes y eventos de culturas menos representadas en el ámbito

digital y educativo. Los Doodles han celebrado figuras como Frida Kahlo, Mahatma Gandhi y Wangari Maathai, ayudando a democratizar el acceso a figuras relevantes de todas las culturas y geografías.

<u>Conexión Emocional con los Usuarios:</u> Los Doodles no solo son herramientas educativas; también conectan emocionalmente con los usuarios, evocando nostalgia, orgullo nacional o reconocimiento cultural. Este vínculo emocional fortalece la relación de los usuarios con la plataforma y crea un sentido de comunidad global que celebra sus logros y conmemora sus momentos más significativos.

Los Google Doodles han demostrado que el arte visual y la tecnología pueden fusionarse para preservar y reforzar la memoria colectiva. Al proporcionar una ventana al pasado y una celebración del presente, estos Doodles permiten a los usuarios de todas partes del mundo recordar y reflexionar sobre sus historias, mientras aprenden sobre culturas, personajes y eventos que son ajenos a su entorno inmediato.

El éxito de los Doodles sugiere que el proyecto continuará evolucionando, utilizando tecnologías más avanzadas para mejorar la interactividad y hacer la experiencia aún más educativa y significativa. Además, los Doodles continuarán siendo una herramienta para que las generaciones futuras mantengan viva la memoria de figuras y eventos importantes, ayudando a construir una sociedad más informada, conectada y culturalmente rica.

8. El experimento de Juegos de "Foldit" para resolver problemas de biología (2008, Global): La ciencia ciudadana al servicio de la biología molecular

Foldit es un innovador juego en línea lanzado en 2008 que transformó a miles de personas en científicos virtuales, desafiándolos a ayudar en la resolución de complejos problemas de biología molecular. Desarrollado por la Universidad de Washington, este juego permite a personas sin formación científica contribuir a la comprensión del plegamiento de proteínas, un fenómeno crucial para la medicina y la biología. Gracias a Foldit, los jugadores de todo el mundo han aportado soluciones a problemas científicos que, durante años, se creyeron inaccesibles, demostrando el enorme potencial de la ciencia ciudadana y del enfoque lúdico en la investigación científica.

El proyecto Foldit surgió como una iniciativa para resolver problemas relacionados con el plegamiento de proteínas, un proceso en el cual una cadena de aminoácidos se pliega en una estructura tridimensional específica que es fundamental para su función en el organismo. Comprender y predecir cómo se pliegan las proteínas es un desafío complejo que ha resistido incluso a las más avanzadas simulaciones por computadora.

Los motivos detrás de Foldit fueron principalmente:

<u>Superar las Limitaciones de la Computación Tradicional</u>: Aunque los algoritmos de simulación han avanzado, el plegamiento de proteínas requiere una

enorme cantidad de procesamiento computacional. Se pensó que la intuición humana, especialmente con la ayuda de un formato visual e interactivo como el de un videojuego, podría aportar nuevas perspectivas y soluciones creativas.

<u>Facilitar la Participación Ciudadana en la Ciencia:</u> Los creadores de Foldit querían explorar el potencial de la ciencia ciudadana, integrando a personas comunes en la investigación científica mediante una interfaz intuitiva. La idea era que los jugadores, sin necesidad de conocimientos previos en biología, pudieran contribuir con sus habilidades en resolución de problemas.

<u>Desarrollar un Nuevo Enfoque Colaborativo para la Ciencia:</u> Al permitir que los jugadores trabajaran en equipo y compartieran sus estrategias de plegamiento, Foldit buscaba fomentar la colaboración en lugar de la competencia, demostrando que la ciencia es más efectiva cuando el conocimiento y la intuición se comparten de forma abierta y global.

Foldit fue desarrollado como un videojuego en el que los jugadores manipulan visualmente una cadena de aminoácidos con el objetivo de plegarla en una estructura estable y de baja energía. La interfaz del juego es intuitiva, mostrando gráficos tridimensionales de proteínas y herramientas que permiten a los jugadores torcer, doblar y reorganizar las proteínas para alcanzar configuraciones estables.

El experimento fue llevado a cabo de la siguiente manera:

Desarrollo de una Interfaz Intuitiva y Lúdica: Foldit fue diseñado para que los jugadores pudieran explorar el plegamiento de proteínas a través de comandos simples y visuales, como mover y rotar las estructuras, sin requerir conocimientos previos de bioquímica.

Sistema de Puntuación Basado en la Energía: Los jugadores recibían una puntuación basada en la estabilidad y la energía de sus configuraciones, lo que incentivaba la optimización y les permitía competir amistosamente para lograr el pliegue más estable y con menor energía. El diseño del juego incluía tutoriales y retos progresivos que ayudaban a los jugadores a mejorar sus habilidades.

Publicación y Validación de Soluciones: Las soluciones de plegamiento obtenidas por los jugadores eran analizadas y validadas por científicos, quienes verificaban si las estructuras propuestas correspondían a configuraciones viables y útiles para la investigación. Las mejores configuraciones eran utilizadas en investigaciones científicas, y en muchos casos, se publicaban los resultados obtenidos con el crédito correspondiente a la comunidad de jugadores.

Creación de una Comunidad Global de Jugadores y Científicos: Foldit permitió la creación de una red de jugadores de todo el mundo que colaboraban, compartían estrategias y competían para encontrar la mejor solución. Esta comunidad fue fundamental para el éxito del experimento, ya que los jugadores se ayudaban mutuamente a superar desafíos complejos.

Foldit ha arrojado resultados significativos tanto en el ámbito científico como en el campo de la ciencia ciudadana. Entre sus logros más destacados se encuentran:

<u>Contribuciones Directas a la Investigación Científica</u>: En 2011, los jugadores de Foldit lograron resolver en solo tres semanas la estructura de una enzima crítica para la replicación del virus de la inmunodeficiencia en los monos, un problema que había desafiado a los científicos durante más de una década. Este fue un avance clave para comprender mejor cómo combatir el VIH y mostró que los jugadores podían hacer descubrimientos valiosos.

<u>Desarrollo de Nuevos Métodos para el Plegamiento de Proteínas</u>: A lo largo de los años, las estrategias utilizadas por los jugadores de Foldit han inspirado a los científicos a desarrollar nuevos algoritmos y métodos para el plegamiento de proteínas. Algunos de estos métodos han sido incorporados a herramientas de predicción de proteínas, como las que se usan en la investigación médica.

<u>Demostración del Potencial de la Ciencia Ciudadana</u>: Foldit demostró que la ciencia ciudadana puede ser una herramienta poderosa para abordar problemas complejos, especialmente cuando se aprovechan las habilidades de resolución de problemas y la creatividad humana. Además, el experimento abrió el camino para otros proyectos de ciencia ciudadana que utilizan el juego y la interacción visual para abordar problemas científicos complejos.

<u>Educación y Fomento de la Curiosidad Científica</u>: Gracias a Foldit, personas de todas las edades y antecedentes han aprendido sobre el plegamiento de

proteínas y la biología molecular, además de experimentar la satisfacción de contribuir a la ciencia. Este experimento ha fomentado una mayor conciencia pública sobre la investigación científica y ha inspirado a muchos a involucrarse en otros proyectos de ciencia ciudadana.

<u>Evidencia del Valor de la Gamificación en la Ciencia</u>: Foldit demostró que los juegos pueden ser herramientas efectivas para resolver problemas de investigación, estimulando la participación y creatividad en áreas científicas donde los recursos computacionales pueden ser limitados. La gamificación ha sido reconocida desde entonces como un método viable para enfrentar desafíos científicos y tecnológicos.

El éxito de Foldit ha inspirado nuevos proyectos de ciencia ciudadana que buscan aprovechar las habilidades de personas de todo el mundo para resolver problemas complejos. La gamificación en la ciencia, como lo demuestra Foldit, no solo permite superar desafíos específicos, sino que también involucra a la ciudadanía en el proceso científico de una manera accesible y motivante.

Foldit sigue siendo un ejemplo inspirador de cómo la colaboración global puede generar conocimientos importantes para la ciencia y para el bienestar humano. Con su capacidad para transformar la investigación y para empoderar a personas comunes para que hagan contribuciones significativas, Foldit se consolida como un hito en la historia de la ciencia ciudadana y de la biología molecular. Este modelo de colaboración también promete influir en futuras innovaciones, ya que el uso de videojuegos y de la inteligencia colectiva sigue abriendo nuevas posibilidades en la investigación científica.

9. El Experimento de Comprensión Global de Actitudes hacia el Bienestar y la Felicidad (World Values Survey): Un espejo de las perspectivas culturales y sociales sobre la vida

El World Values Survey (WVS) es uno de los estudios internacionales más ambiciosos sobre los valores y actitudes humanas, con un enfoque en el bienestar y la felicidad de las personas alrededor del mundo. Desde su primera edición en 1981, el WVS ha reunido datos de casi 100 países, proporcionando una base de conocimientos sobre cómo la cultura, la economía y el contexto social influyen en las perspectivas de la felicidad y el bienestar. Este proyecto continúa guiando a investigadores, líderes y organizaciones hacia una mejor comprensión de las aspiraciones y percepciones humanas en relación con el bienestar y la calidad de vida.

El principal objetivo del World Values Survey es investigar las creencias y actitudes fundamentales en temas como la felicidad, la religión, la política, la economía y las relaciones familiares. Los motivos detrás de este ambicioso proyecto incluyen:

Entender la Evolución de los Valores Globales: Las actitudes hacia el bienestar y la felicidad cambian a lo largo del tiempo y están profundamente influenciadas por factores económicos, políticos y culturales. Este estudio busca capturar estos cambios y sus causas para proporcionar una perspectiva histórica y cultural de las transformaciones en las sociedades.

<u>Examinar el Impacto del Desarrollo Socioeconómico:</u> Se pretendía entender cómo el crecimiento económico, la democratización y los avances en los derechos humanos influyen en el bienestar percibido. Esto permite ver en qué medida el desarrollo material contribuye al aumento de la felicidad o si esta depende de factores adicionales.

<u>Comparar Valores en Diferentes Culturas:</u> Cada cultura tiene una visión particular sobre qué significa ser feliz o tener una buena vida. El WVS analiza estas diferencias y similitudes, lo que ayuda a comprender cómo los valores culturales específicos afectan la felicidad y el bienestar en distintas sociedades.

<u>Apoyar Políticas Públicas Basadas en el Bienestar:</u> Al brindar datos sobre el bienestar y la felicidad, el WVS pretende proporcionar información relevante para la formulación de políticas que promuevan el bienestar social y emocional, adaptadas a las necesidades y valores de cada sociedad.

El World Values Survey se lleva a cabo en "olas" de recolección de datos, es decir, en rondas de encuestas realizadas aproximadamente cada cinco años. Estas encuestas son organizadas por una red internacional de investigadores que utilizan cuestionarios cuidadosamente diseñados para captar datos comparables a nivel global. El proceso de recolección y análisis de datos se lleva a cabo de la siguiente manera:

<u>Desarrollo y Adaptación de Cuestionarios</u>: Se diseña un cuestionario global que contiene preguntas sobre temas como bienestar, felicidad, salud, religión, política, trabajo y vida familiar. Este cuestionario es revisado y adaptado a cada cultura para asegurar que el significado de las preguntas se mantenga, permitiendo una comparación válida entre países.

<u>Selección de Muestras Representativas</u>: En cada país, se selecciona una muestra representativa de la población adulta, que incluye a personas de todas las edades, géneros, niveles socioeconómicos y regiones. Esto asegura que los datos obtenidos representen de manera precisa las actitudes y valores de toda la población.

<u>Recolección de Datos y Análisis</u>: Los encuestadores locales aplican el cuestionario a los participantes, y luego los datos se centralizan en una base de datos global. El análisis permite comparar cómo varían las actitudes hacia la felicidad y el bienestar entre países y a través del tiempo.

<u>Difusión y Publicación de Resultados</u>: Los resultados del WVS se publican en informes detallados y están disponibles de forma gratuita para investigadores, formuladores de políticas y el público general. Los datos también son accesibles en formato digital, permitiendo su análisis por instituciones de todo el mundo.

El World Values Survey ha revelado conclusiones importantes sobre las actitudes hacia la felicidad y el bienestar en distintos contextos culturales y económicos. Entre los resultados más destacados se encuentran:

<u>La Relación entre Bienestar y Economía:</u> Aunque en muchos países los niveles de felicidad aumentan con el crecimiento económico, el WVS ha demostrado que el dinero y el bienestar material no son los únicos factores importantes. En países desarrollados, la satisfacción con la vida está más relacionada con factores como la igualdad, la libertad personal y las relaciones sociales, mientras que en países con menores ingresos la economía juega un rol más central en el bienestar.

<u>Factores Culturales en la Percepción de la Felicidad:</u> El estudio ha revelado que la cultura tiene una gran influencia en la percepción de la felicidad. Por ejemplo, en los países latinoamericanos, las personas tienden a reportar altos niveles de felicidad, incluso en contextos de inestabilidad económica, debido al fuerte enfoque en la familia y la vida social. En contraste, en algunas culturas asiáticas la felicidad es vista de manera más moderada, y el bienestar se asocia más con la armonía y el deber social.

<u>El Impacto de la Democracia y la Libertad en el Bienestar:</u> Los resultados muestran que las personas en países democráticos y con mayores libertades individuales tienden a tener mayores niveles de felicidad. Este hallazgo es significativo, ya que subraya la importancia de los derechos políticos y las libertades

civiles en la percepción del bienestar, independientemente de la riqueza material.

Tendencias Globales hacia la Igualdad de Género y la Diversidad: Con el tiempo, el WVS ha observado un aumento en la aceptación de la igualdad de género, los derechos de la comunidad LGBTQ+ y la diversidad cultural, lo cual se ha relacionado con una mayor satisfacción y bienestar en las sociedades donde estos cambios han sido más aceptados. Este cambio refleja una evolución global hacia sociedades más inclusivas y equitativas.

La Influencia de la Religión y la Espiritualidad: La religiosidad y la espiritualidad también juegan un rol en el bienestar, aunque de maneras muy diferentes según la cultura. En algunas sociedades, la religión es una fuente de apoyo emocional que incrementa la satisfacción con la vida, mientras que, en otras, el laicismo o el enfoque en el desarrollo personal generan niveles similares de bienestar.

El World Values Survey ha proporcionado una comprensión profunda de cómo la felicidad y el bienestar son percibidos y alcanzados en distintas partes del mundo. Este experimento demuestra que el bienestar humano es complejo y está influenciado tanto por factores materiales como por valores y tradiciones culturales. Además, los datos del WVS han resaltado la importancia de considerar estos valores en la formulación de políticas públicas efectivas, lo que ha llevado a un creciente interés por promover políticas de bienestar adaptadas a las necesidades y expectativas de cada sociedad.

A futuro, el WVS continuará ofreciendo valiosas perspectivas sobre el bienestar y los cambios sociales globales. A medida que las sociedades enfrentan desafíos como la globalización, el cambio climático y la transformación digital, el World Values Survey seguirá siendo un recurso clave para analizar cómo estos cambios afectan las actitudes y el bienestar de las personas. Este experimento es un recordatorio de que, aunque existen múltiples caminos hacia la felicidad y el bienestar, todos ellos requieren comprender y respetar la diversidad de valores y aspiraciones que definen a la humanidad.

10. El experimento de la Ciudad de Wichita (1950): Un modelo de resolución de conflictos comunitarios

En 1950, la ciudad de Wichita, Kansas, se convirtió en el escenario de un experimento social pionero que buscaba resolver conflictos laborales mediante la mediación en lugar de métodos tradicionales como huelgas o disputas legales. Este estudio fue significativo no solo por su enfoque innovador, sino también porque involucró directamente a una comunidad y sus trabajadores en un proceso de negociación pacífica y colaborativa. Su objetivo era descubrir si la mediación laboral podía funcionar efectivamente para resolver disputas y, en última instancia, contribuir a la armonía social y económica de la comunidad.

Los motivos para llevar a cabo el Experimento de la Ciudad de Wichita surgieron de una preocupación creciente por las tensiones laborales en el período de posguerra en los Estados Unidos. En aquella época, la economía estadounidense experimentaba un auge industrial; sin embargo, este desarrollo económico venía acompañado de frecuentes conflictos laborales, donde huelgas y enfrentamientos entre trabajadores y empleadores generaban una serie de problemas sociales y económicos, como la interrupción de los servicios, el descontento comunitario y una baja en la productividad.

El experimento tenía varios objetivos principales:

<u>Reducir los conflictos laborales</u>: Wichita quería explorar alternativas a las huelgas y manifestaciones, que provocaban pérdidas para empresas y trabajadores.

<u>Probar la mediación como una herramienta de resolución de conflictos</u>: Se buscaba evaluar si la mediación era un método eficaz para abordar problemas laborales, en un contexto donde las negociaciones solían ser adversas.

<u>Evaluar el impacto social y económico en la comunidad</u>: Los investigadores querían medir cómo la reducción de los conflictos laborales afectaba no solo a las empresas y trabajadores involucrados, sino también a la comunidad en general.

El experimento de Wichita fue cuidadosamente planificado y contó con la participación de las partes involucradas en conflictos laborales, incluyendo sindicatos, empleadores, y un equipo de mediadores profesionales. El método incluyó las siguientes fases:

<u>Reclutamiento de participantes</u>: Los participantes incluían a representantes de sindicatos, empresarios y mediadores profesionales. Los trabajadores y empleadores pertenecían a industrias clave de Wichita, donde las disputas laborales eran frecuentes y afectaban significativamente a la economía local.

<u>Formación del equipo de mediación</u>: Los mediadores, seleccionados por su experiencia y habilidades, fueron entrenados para facilitar un diálogo imparcial y constructivo. Su tarea era guiar a ambas partes hacia un acuerdo satisfactorio sin necesidad de imponer sus propias decisiones, actuando como moderadores neutrales.

<u>Proceso de mediación</u>: El equipo de mediación facilitaba encuentros y sesiones en los que ambas partes exponían sus puntos de vista, necesidades y preocupaciones. Durante estas reuniones, se alentaba a los participantes a encontrar soluciones mutuamente beneficiosas, promoviendo una cultura de colaboración y respeto.

<u>Recopilación de datos</u>: Los investigadores documentaron los resultados de cada mediación, analizando si las soluciones eran sostenibles a largo plazo y si se lograba evitar el regreso a conflictos previos. Se recogieron datos sobre la satisfacción de los participantes y la duración de los acuerdos alcanzados.

El Experimento de la Ciudad de Wichita arrojó resultados prometedores, demostrando que la mediación podía ser una herramienta eficaz en la resolución de conflictos laborales. Algunos de los resultados más destacados fueron:

Reducción significativa de conflictos: Las sesiones de mediación ayudaron a resolver numerosos conflictos laborales sin necesidad de recurrir a huelgas o medidas extremas. La disposición de ambas partes a dialogar y encontrar puntos en común fue uno de los principales factores de éxito.

Mayor cohesión y satisfacción en la comunidad: La eliminación de los conflictos laborales y la creación de un ambiente de cooperación contribuyeron a mejorar la moral de los trabajadores y la percepción de los empleadores. Esto no solo benefició a los involucrados, sino que también redujo el estrés y la inseguridad en la comunidad en general.

Sostenibilidad de los acuerdos: Los acuerdos alcanzados a través de la mediación demostraron ser duraderos y efectivos, reduciendo la recurrencia de disputas y favoreciendo relaciones laborales estables a largo plazo.

Impacto económico positivo: El tiempo y los recursos que normalmente se habrían dedicado a enfrentar huelgas y conflictos se ahorraron, beneficiando la economía local. Las empresas experimentaron un aumento en la productividad y los trabajadores gozaron de mayor estabilidad laboral.

El Experimento de la Ciudad de Wichita fue un hito en la historia de la mediación laboral, demostrando que un enfoque de diálogo y resolución pacífica de conflictos puede tener efectos positivos tanto en el ambiente laboral como en la comunidad en general. La mediación, que en ese entonces era una herramienta poco explorada en conflictos laborales, comenzó a ganar popularidad y aceptación como una práctica viable y efectiva.

Este experimento inspiró la implementación de programas de mediación en otras ciudades de Estados Unidos y sentó las bases para el desarrollo de instituciones dedicadas a la resolución de conflictos laborales, como el Servicio Federal de Mediación y Conciliación. Los principios de la mediación que se utilizaron en Wichita aún son relevantes hoy en día, y continúan influyendo en la manera en que se resuelven disputas en entornos laborales y comunitarios, promoviendo el entendimiento, la colaboración y la paz social.

11. El proyecto "Años de la Depresión" en Marienthal: Un estudio clásico sobre el impacto del desempleo en la vida comunitaria

El Proyecto "Años de la Depresión" de Marienthal, realizado en los años 1930, es uno de los estudios más emblemáticos en la sociología y la psicología social, y ofrece una visión profunda de cómo el desempleo afecta a las personas, las familias y la comunidad en general. Situado en la pequeña ciudad industrial de

Marienthal, Austria, el estudio exploró los efectos del desempleo a largo plazo sobre el comportamiento social, el estado emocional y la cohesión comunitaria. Los resultados obtenidos ayudaron a entender la manera en que el desempleo impacta en la identidad, el tiempo de ocio y la interacción social, temas que siguen siendo relevantes hasta hoy.

El estudio se llevó a cabo en un contexto de crisis económica global. Durante la Gran Depresión de los años 1930, el desempleo en Europa alcanzó niveles alarmantes, afectando profundamente a numerosas comunidades que dependían de la industria y el trabajo manual. La ciudad de Marienthal, que anteriormente había sido próspera gracias a su fábrica textil, quedó gravemente afectada cuando esta cerró, dejando a la mayor parte de la población sin empleo.

Los investigadores, encabezados por Marie Jahoda, Paul Lazarsfeld y Hans Zeisel, decidieron estudiar Marienthal para entender el impacto psicosocial de la pérdida de trabajo en una comunidad que dependía casi exclusivamente de una sola industria. Los principales objetivos del estudio fueron:

Evaluar el efecto psicológico del desempleo: Querían descubrir cómo el desempleo afectaba el estado emocional, la motivación y las expectativas de vida de los residentes.

Observar el cambio en la organización del tiempo y el ritmo de vida: El desempleo prolongado no solo cambia la economía familiar, sino también cómo las personas utilizan su tiempo, y los investigadores querían medir estos cambios.

<u>Explorar el impacto en la cohesión social</u>: El estudio también intentaba entender si la falta de trabajo afectaba la relación entre los vecinos, las interacciones familiares y la vida comunitaria.

El estudio en Marienthal fue pionero en la metodología de investigación sociológica. Los investigadores combinaron técnicas cualitativas y cuantitativas para obtener una visión integral de la comunidad. A continuación, se detallan las principales etapas y métodos utilizados:

<u>Observación Participante y Entrevistas</u>: Los investigadores pasaron tiempo en Marienthal, observando de manera directa cómo las personas pasaban sus días. Entrevistaron a familias y recolectaron datos sobre sus rutinas diarias, sus actividades y sus preocupaciones.

<u>Diarios de Tiempo y Registro de Actividades</u>: A los participantes se les pidió que mantuvieran un registro detallado de sus actividades diarias, lo que permitió a los investigadores analizar cómo el desempleo afectaba la estructura del día y cómo las personas manejaban el tiempo libre.

<u>Cuestionarios y Encuestas</u>: Los investigadores realizaron encuestas para recolectar datos sobre las condiciones de vida, los ingresos y la percepción de los habitantes sobre su situación. Se recogió información sobre los niveles de frustración, desesperanza y motivación.

Análisis de Documentos: Para comprender mejor el impacto económico, los investigadores también analizaron documentos financieros, incluyendo registros de tiendas locales, cuentas familiares y transacciones. Esto permitió estudiar la forma en que la comunidad organizaba sus finanzas en tiempos de crisis.

Observación de la Comunidad y Espacios Públicos: Los investigadores observaron la actividad en los espacios públicos, como parques, cafeterías y centros comunitarios, para ver cómo el desempleo afectaba la vida social y la participación comunitaria.

Los resultados del Proyecto "Años de la Depresión" en Marienthal revelaron los devastadores efectos del desempleo en la vida individual y comunitaria. Estos hallazgos fueron tanto psicológicos como sociales y ofrecieron una visión compleja del impacto del desempleo en la identidad y la cohesión social:

Desmotivación y Pérdida de Esperanza: Una de las conclusiones más importantes fue que el desempleo prolongado reducía significativamente la motivación de las personas. Los residentes de Marienthal, a pesar de ser trabajadores industriosos antes del cierre de la fábrica, empezaron a experimentar sentimientos de inutilidad y desesperanza. Con el tiempo, el deseo de encontrar empleo disminuyó, y muchos adoptaron una actitud pasiva ante la vida.

Cambios en la Estructura del Tiempo: El estudio reveló que el desempleo modificó drásticamente la manera en que las personas organizaban su día. Sin horarios de trabajo, los residentes comenzaron a vivir en un estado de inercia, donde las actividades diarias perdieron sentido. Las personas tendían a pasar más tiempo inactivos, y el sentido de rutina, tan importante para la estructura psicológica, se vio afectado negativamente.

<u>Impacto en las Relaciones Sociales</u>: La pérdida del trabajo no solo afectó a las personas individualmente, sino que también influyó en sus relaciones con los demás. Las interacciones sociales se redujeron, y los niveles de participación en actividades comunitarias disminuyeron considerablemente. La cohesión social de Marienthal se debilitó, y muchas familias comenzaron a experimentar tensiones y conflictos debido a las dificultades económicas.

<u>Estrés Financiero y Reducción del Consumo</u>: El estudio demostró que el desempleo generó un estrés financiero extremo en las familias. Los investigadores observaron que los residentes de Marienthal reducían al mínimo sus gastos y evitaban comprar productos no esenciales. Las tiendas locales también experimentaron una caída en las ventas, lo que afectó la economía de la comunidad en general.

<u>Pérdida de Identidad Laboral</u>: Los habitantes de Marienthal, que antes se identificaban como trabajadores dedicados, comenzaron a perder ese sentido de identidad. Esto no solo afectó su autoestima, sino que también generó una desconexión con la comunidad. El trabajo, para muchas personas, no solo era un medio de subsistencia, sino también una parte fundamental de su identidad y propósito.

El Proyecto "Años de la Depresión" de Marienthal tuvo un impacto significativo en el estudio del desempleo y sus efectos en el comportamiento humano. Las conclusiones del estudio mostraron que el desempleo prolongado tiene efectos profundos y duraderos en la motivación, el sentido de identidad y la cohesión social de una comunidad.

Este experimento fue pionero al mostrar que el desempleo no es solo una crisis económica, sino también una crisis social y psicológica. Inspiró políticas de bienestar social en Europa y ayudó a los gobiernos a entender que el empleo no solo es una fuente de ingresos, sino también un componente esencial de la salud emocional y la cohesión social.

Las lecciones del estudio de Marienthal siguen siendo relevantes en la actualidad, especialmente en momentos de recesión económica. Los hallazgos de este estudio continúan ayudando a los profesionales de la sociología, la psicología y la política social a entender el papel fundamental del trabajo en la vida humana y a diseñar políticas que ofrezcan apoyo psicológico y financiero a las comunidades afectadas por el desempleo.

12. El experimento de la dicotomía Norte-Sur en Italia (década de 1990): Una exploración de desigualdades regionales y sus implicancias socioeconómicas

La división entre el norte y el sur de Italia ha sido un tema de estudio por generaciones. En la década de 1990, académicos y autoridades italianas realizaron un análisis profundo de esta brecha regional, abordando factores socioeconómicos, políticos y culturales que contribuyeron a una dicotomía persistente en el país. Este experimento, más que un solo evento, consistió en una serie de estudios y políticas que intentaron comprender y abordar las diferencias significativas en el desarrollo económico, infraestructura y calidad de vida entre el norte, más industrializado, y el sur, históricamente menos desarrollado.

La investigación sobre la dicotomía norte-sur de Italia fue motivada por varios factores clave:

<u>Desigualdades Económicas y Sociales</u>: La brecha económica entre el norte y el sur de Italia resultaba evidente en términos de ingresos, oportunidades de empleo, desarrollo industrial y acceso a servicios de calidad. El norte de Italia se caracterizaba por ser una región industrial y económicamente dinámica, mientras que el sur, conocido como el Mezzogiorno, enfrentaba altos niveles de desempleo, corrupción y subdesarrollo.

<u>Políticas de Cohesión y Desarrollo</u>: Los sucesivos gobiernos italianos implementaron políticas para intentar reducir esta disparidad, pero los resultados

fueron mixtos. En la década de 1990, estas políticas se intensificaron, en parte debido a las presiones de la Unión Europea, que abogaba por reducir las disparidades internas de los estados miembros.

<u>Impacto en la Estabilidad Nacional y Europea</u>: La persistente brecha entre norte y sur afectaba la cohesión social y la estabilidad política en Italia. Las regiones del norte mostraron un fuerte resentimiento hacia el sur debido a la percepción de subsidios y transferencias que, según los ciudadanos del norte, lastraban el crecimiento del país.

<u>Investigación Sociocultural</u>: Además de las diferencias económicas, se observaba una marcada dicotomía en términos culturales, ya que las costumbres y valores del sur, basados en la agricultura y el conservadurismo, contrastaban con la mentalidad urbana e industrial del norte.

La investigación se llevó a cabo a través de estudios de campo, análisis económicos y políticas específicas, en áreas, desde el desarrollo industrial hasta el sistema educativo y la infraestructura. Las principales estrategias incluyen:

<u>Estudios Socioeconómicos y Comparativos</u>: Académicos e investigadores realizaron a cabo estudios comparativos para medir las disparidades en términos de PIB, empleo, calidad de vida, sistemas de salud y educación. Esto se realizó mediante datos recopilados en censos y encuestas, y el análisis de la distribución del ingreso entre ambas regiones.

<u>Programas de Subsidios e Incentivos</u>: El gobierno italiano y la Unión Europea destinaron fondos para programas de desarrollo en el sur, incentivando la inversión en infraestructura, educación y servicios públicos. Los llamados Fondos de Cohesión proporcionarán subvenciones para mejorar la calidad de vida en el Mezzogiorno.

<u>Promoción de la Industria y el Empleo</u>: Se alentó a las empresas a establecerse en el sur mediante incentivos fiscales y subsidios, con la intención de reducir la alta tasa de desempleo y estimular la economía local. Este esfuerzo incluyó la creación de zonas industriales y la modernización de puertos y rutas de transporte para mejorar la conectividad entre ambas regiones.

<u>Campañas para Combatir el Crimen Organizado</u>: La influencia de la mafia en el sur de Italia representaba un obstáculo importante para el desarrollo económico y social. En los años 90, el gobierno implementó medidas más rigurosas para combatir el crimen organizado, buscando mejorar el ambiente para la inversión y la seguridad en el sur.

<u>Análisis Cultural y Social</u>: Además de los estudios económicos, se realizaron análisis culturales que examinaban las diferencias en valores, actitudes hacia el trabajo, y percepciones sobre la movilidad social y la política. Los estudios revelaron la importancia de factores como la familia extendida y la influencia de la religión, especialmente en las zonas rurales del sur.

El experimento sobre la dicotomía norte-sur en Italia ofreció una perspectiva más clara sobre las causas profundas de las disparidades regionales y mostró los efectos de varias políticas de intervención. Entre los principales hallazgos se destacan:

<u>Resultados Mixtos en el Desarrollo Económico</u>: Aunque algunos programas de subsidios e incentivos lograron mejoras en infraestructura y empleo, los efectos fueron limitados y no lograron transformar la economía del sur de manera significativa. La dependencia de los fondos gubernamentales persistió, y la industria en el sur permaneció débil en comparación con la del norte.

<u>Impacto Limitado de las Políticas de Cohesión</u>: La ayuda de la Unión Europea y del gobierno italiano mejoró en parte los servicios básicos, pero no consiguió reducir sustancialmente la brecha en términos de ingresos y empleo. La falta de infraestructura adecuada y la presencia de crimen organizado siguieron siendo barreras importantes para el crecimiento.

<u>Persistencia de la Cultura de Dependencia y Desigualdad de Oportunidades</u>: En el sur, los estudios mostraron que la falta de oportunidades económicas y la dependencia de subsidios generaban una percepción de desigualdad que influía en las actitudes hacia el trabajo y la movilidad social. Esto dificultaba la creación de una cultura de emprendimiento y desarrollo sostenible en la región.

<u>Resentimiento entre Regiones y Conflictos Políticos</u>: La disparidad persistente entre el norte y el sur avivó tensiones políticas y sociales. En el norte, el resentimiento hacia el sur fue evidente en los discursos de partidos como la Liga Norte, que abogaban por la

autonomía de las regiones del norte y denunciaban el uso de sus impuestos para financiar el desarrollo del sur.

<u>Necesidad de Reformas Profundas y Estructurales</u>: Los hallazgos resaltaron la necesidad de reformas en aspectos como el sistema educativo, la lucha contra la corrupción y el fortalecimiento de la infraestructura en el sur. Estas reformas fueron consideradas esenciales para una mejora a largo plazo y una verdadera integración socioeconómica en el país.

El experimento de la dicotomía norte-sur en Italia durante la década de 1990 reveló la complejidad de las disparidades regionales y subrayó la dificultad de implementar políticas efectivas de desarrollo en regiones con marcadas diferencias estructurales y culturales. A pesar de los esfuerzos para reducir esta brecha, las desigualdades persisten y requieren un enfoque integral que vaya más allá de los subsidios y las intervenciones.

La dicotomía norte-sur en Italia se mantiene como un tema de estudio importante en la geopolítica y la economía regional. Para avanzar hacia una mayor cohesión social y económica, Italia enfrenta el reto de desarrollar políticas que no solo promuevan el crecimiento económico, sino que también respeten y apoyen las particularidades culturales y sociales de sus diferentes regiones. Este experimento sigue siendo un referente sobre los desafíos de la cohesión regional en Europa y un recordatorio de la importancia de abordar las desigualdades desde una perspectiva holística y adaptada a las realidades locales.

13.   La Villa Global de McLuhan (década de 1990, Canadá): Explorando la comunicación en la Aldea Global

La idea de la "Aldea Global" fue formulada por el filósofo y teórico de los medios de comunicación canadiense Marshall McLuhan en la década de 1960, anticipando que el mundo se convertiría en una comunidad interconectada debido a la tecnología y los medios de comunicación. En la década de 1990, varios académicos y profesionales de los medios en Canadá y en otros lugares llevaron adelante un "experimento de la Aldea Global" inspirado en McLuhan, poniendo a prueba sus ideas sobre la interconexión mundial en una época de internet en crecimiento. Este experimento buscaba entender las implicancias sociales, culturales y psicológicas de una red global de información.

El experimento se basó en la hipótesis de que el desarrollo de la tecnología de la información y los medios de comunicación llevaría al mundo a comportarse como una "Aldea Global" donde las barreras de distancia, idioma y cultura serían cada vez menos significativas. Las motivaciones principales para llevar adelante este proyecto incluyeron:

Explorar las Predicciones de McLuhan: McLuhan había propuesto que los medios electrónicos y la tecnología convertirían al mundo en una comunidad interconectada en la que la comunicación instantánea permitiría compartir información y experiencias en tiempo real, transformando la percepción de distancia y aislamiento.

<u>Comprender el Efecto de Internet y los Medios Digitales</u>: La década de 1990 vio la expansión del acceso a internet y la llegada de medios digitales y redes globales. Esto permitió una conectividad sin precedentes, y los investigadores querían explorar cómo estas tecnologías afectaban la identidad cultural, la cohesión social y la percepción del mundo.

<u>Evaluar el Impacto de la Globalización</u>: A medida que la economía, la política y la cultura se globalizaban, surgía la pregunta de si la "Aldea Global" fortalecería la diversidad cultural o si, por el contrario, llevaría a una homogeneización cultural, dominada por las narrativas y valores occidentales.

<u>Estudiar los Cambios en la Comunicación Humana</u>: Se anticipaba que la comunicación global en tiempo real cambiaría la forma en que las personas interactuaban, se informaban y se entretenían, y se buscaba comprender si la "Aldea Global" ayudaría a la comprensión mutua y el diálogo intercultural o si generaría fragmentación y polarización.

El experimento de la Aldea Global se realizó a través de estudios, conferencias, y la creación de entornos de medios digitales. Estos fueron algunos de los elementos y métodos empleados:

<u>Investigación Académica y Publicaciones</u>: Varios académicos y teóricos de medios participaron en investigaciones que intentaron verificar la viabilidad y el impacto de la "Aldea Global". Las universidades canadienses, en particular, fueron pioneras en realizar investigaciones centradas en el impacto de los medios

digitales en la identidad cultural y el sentido de comunidad.

<u>Creación de Espacios de Comunicación Global</u>: Se crearon foros de discusión en línea y salas de chat que intentaban reunir a personas de distintas partes del mundo para debatir sobre temas de actualidad. Esto incluyó intercambios culturales y experimentos de comunicación que buscaban replicar la interacción de una "aldea" en un espacio virtual.

<u>Eventos y Conferencias Internacionales</u>: Se llevaron a cabo conferencias en Canadá y otras partes del mundo, donde académicos y teóricos de los medios de comunicación compartían y discutían sus hallazgos y teorías sobre el impacto de los medios en la globalización. Estas conferencias a menudo incluían paneles de discusión sobre el papel de los medios de comunicación en la construcción de comunidades globales.

<u>Investigación en Medios Digitales y Radio</u>: En colaboración con medios de comunicación, algunos estudios experimentaron con programas de radio y televisión que abordaban temas globales y locales en un solo espacio, conectando a oyentes y espectadores de distintos países para fomentar el diálogo global.

<u>Proyectos en Colaboración con el Público</u>: Los investigadores de la Aldea Global también invitaron a los ciudadanos a participar en proyectos donde compartían sus perspectivas sobre temas internacionales. Estas perspectivas eran luego recopiladas y analizadas para estudiar si los medios

lograban realmente promover una mayor comprensión intercultural.

El experimento de la Aldea Global proporcionó una visión compleja y multifacética del impacto de los medios de comunicación y la tecnología digital en la sociedad. Algunos de los principales hallazgos fueron:

Incremento de la Interconexión y el Intercambio Cultural: Los medios digitales e internet comenzaron a cumplir con la visión de McLuhan, facilitando un acceso instantáneo a información de todo el mundo y promoviendo un flujo de ideas y valores culturales. Esto permitió que personas de diferentes culturas tuvieran acceso a noticias, música, cine y literatura de otros lugares, enriqueciendo el conocimiento y la comprensión global.

Efecto de la Homogeneización Cultural: Al mismo tiempo, se observó una creciente homogeneización cultural, donde los valores y el contenido de los países occidentales, particularmente de Estados Unidos, tenían una gran influencia en el contenido global. Las prácticas culturales y valores locales a menudo quedaban en segundo plano o eran adaptados para encajar en una narrativa global común.

Desafíos de Polarización y Segmentación de la Información: Aunque la Aldea Global facilitaba la comunicación entre personas de diferentes culturas, también condujo a la creación de "burbujas de información" donde las personas, en lugar de recibir una visión global, a menudo elegían y accedían solo a contenido que reforzaba sus propias creencias. Esto contradecía parcialmente la idea de un espacio de intercambio cultural libre y conducía a una fragmentación de las perspectivas.

<u>Sentimiento de Comunidad e Identidad Transnacional</u>: La Aldea Global permitió que las personas desarrollaran identidades e intereses transnacionales y multiculturales, fomentando el desarrollo de comunidades basadas en intereses compartidos, en lugar de únicamente en ubicaciones geográficas. Este cambio fue especialmente notable en la juventud, que adoptaba identidades menos vinculadas a su nación de origen.

<u>Limitaciones en la Comprensión y la Solidaridad Globales</u>: A pesar de la mayor conectividad, el experimento mostró que los medios no necesariamente generaban empatía o solidaridad genuina. El acceso a información sobre eventos globales no siempre resultaba en una comprensión profunda de los mismos; en algunos casos, incluso podía generar un sentimiento de alienación o indiferencia debido a la sobreexposición a problemas complejos.

El experimento de la Aldea Global en la década de 1990 mostró que la visión de McLuhan sobre una comunidad interconectada era en gran medida correcta, pero que también surgían desafíos. Si bien los medios digitales y el internet impulsaron una interconexión sin precedentes, también revelaron la complejidad de los intercambios culturales y las limitaciones de la tecnología para promover la verdadera comprensión intercultural.

La Aldea Global sigue siendo una realidad en evolución. En la era actual, la teoría de McLuhan sigue siendo objeto de debate, especialmente en el contexto de las redes sociales y las plataformas digitales que generan tanto conexión como fragmentación. El experimento de la década de 1990 dejó importantes lecciones sobre la responsabilidad de los medios de comunicación y las posibilidades de la tecnología en la construcción de una comunidad global, enfatizando que, aunque la tecnología puede conectar, la verdadera cohesión requiere empatía y comprensión cultural activa.

14. El experimento de la Teoría de la Ventana Rota (década de 1980, Estados Unidos): Explorando el impacto del desorden y el crimen en el comportamiento social

La "Teoría de la Ventana Rota" surgió en la década de 1980 como un concepto en criminología y sociología que exploraba el impacto del entorno físico en el comportamiento humano y, en particular, en la incidencia del crimen. Formulada por los científicos sociales James Q. Wilson y George L. Kelling, esta teoría sugiere que la desorganización visible y el abandono en un vecindario o espacio público pueden aumentar los comportamientos antisociales y delictivos. El experimento y la teoría han sido tanto alabados como criticados y se consideran fundamentales en la historia de las políticas urbanas y de seguridad.

Wilson y Kelling formularon la teoría después de observar que en zonas donde se veían signos evidentes de desorden y descuido —como ventanas rotas, grafitis, basura y abandono en general—, la incidencia de actos de vandalismo, criminalidad y otros comportamientos antisociales aumentaba. La premisa central de la teoría es que, cuando el entorno muestra signos de negligencia, se envía un mensaje de falta de control social, lo que facilita la perpetuación de estos actos.

Los objetivos de la Teoría de la Ventana Rota y sus experimentos eran:

<u>Estudiar el Impacto del Entorno Físico en el Comportamiento Social</u>: Los investigadores querían ver si el deterioro visible de un área afectaba las normas de comportamiento de las personas y aumentaba la propensión a cometer delitos.

<u>Evaluar Políticas de Prevención del Crimen</u>: La teoría impulsaba una idea de prevención centrada en el mantenimiento del orden en el espacio público y en el cuidado de los detalles para evitar la escalada de comportamientos criminales.

<u>Influenciar las Estrategias Policiales</u>: La teoría motivó a las fuerzas de seguridad a explorar enfoques más proactivos que no se enfocaran solo en el castigo, sino en el control y la restauración del orden público.

Uno de los experimentos más representativos de esta teoría fue realizado en la Universidad de Stanford en 1969 por el psicólogo Philip Zimbardo, aunque no fue bajo el marco específico de la Teoría de la Ventana Rota (que sería formulada años después). En este experimento, Zimbardo abandonó dos autos en condiciones idénticas en barrios distintos, uno en el barrio del Bronx en Nueva York y otro en un barrio próspero de Palo Alto, California. Ambos autos fueron dejados sin placas y con el cofre abierto para simular que estaban abandonados.

En el barrio del Bronx, el auto fue vandalizado y desmantelado en cuestión de horas, mientras que el auto en Palo Alto permaneció intacto por varios días. Sin embargo, cuando Zimbardo rompió una de las ventanas del auto en Palo Alto, este también comenzó a sufrir actos de vandalismo rápidamente. Este experimento mostró que el deterioro visible, en este caso una ventana rota, parecía animar comportamientos antisociales, reforzando la idea de que el desorden visible promovía el crimen y la violencia.

La Teoría de la Ventana Rota fue rápidamente adoptada por las fuerzas policiales y los responsables de políticas urbanas en Estados Unidos, especialmente en la ciudad de Nueva York. A partir de la década de 1990, la policía de Nueva York, bajo el comisionado de policía William Bratton y el alcalde Rudolph Giuliani, implementó estrategias de "tolerancia cero" basadas en la teoría.

La estrategia incluía:

<u>Control del Desorden Público</u>: Se castigaba con firmeza delitos menores, como el grafiti, el vandalismo y las infracciones de tránsito, bajo la premisa de que estos actos menores podían llevar a delitos más graves si no se controlaban.

<u>Mantenimiento de Espacios Públicos</u>: Se destinó un esfuerzo considerable a la limpieza de áreas públicas, la reparación de ventanas rotas, la eliminación de grafitis y el cuidado de infraestructuras públicas para evitar señales visibles de abandono y deterioro.

<u>Aumento de la Presencia Policial</u>: Se incrementó la vigilancia en áreas urbanas con altos niveles de desorden para disuadir comportamientos antisociales.

La implementación de políticas inspiradas en la Teoría de la Ventana Rota tuvo resultados mixtos y generó un gran debate entre académicos, criminólogos y responsables de políticas públicas. Algunos de los hallazgos y conclusiones fueron:

<u>Reducción del Crimen en Áreas Intervenidas</u>: En Nueva York, el enfoque de "tolerancia cero" fue seguido de una disminución en las tasas de crimen durante la década de 1990. Los defensores de la teoría señalaron que la política de control de desorden ayudó a reducir tanto delitos menores como crímenes graves, demostrando la efectividad de la teoría en un contexto real.

<u>Críticas sobre el Abuso Policial y la Justicia Social</u>: La aplicación de la Teoría de la Ventana Rota llevó a prácticas policiales controvertidas, especialmente en comunidades desfavorecidas y de minorías étnicas, que experimentaron un aumento en la detención por delitos menores. Las críticas señalaron que esta estrategia resultó en un exceso de vigilancia en áreas vulnerables, generando tensiones sociales y acusaciones de discriminación racial y de clase.

<u>Debate sobre el Verdadero Impacto de las Políticas de Tolerancia Cero</u>: Si bien algunos estudios afirmaron que las políticas de tolerancia cero ayudaron a reducir el crimen, otros sugirieron que la disminución de los delitos se debió a otros factores, como el crecimiento económico, las políticas de bienestar social y los cambios demográficos en Nueva York y en el país. Esto cuestionó la eficacia de la teoría en sí misma.

<u>Influencia en el Diseño Urbano y Políticas de Mantenimiento</u>: La teoría también impulsó un enfoque renovado en el diseño urbano y el mantenimiento de áreas públicas, sugiriendo que un ambiente limpio y bien cuidado podía reducir la incidencia de comportamientos antisociales y promover una sensación de seguridad entre los ciudadanos.

<u>Estudios y Aplicaciones Posteriores</u>: Con el tiempo, se realizaron estudios adicionales en varias ciudades del mundo para examinar la validez de la teoría en contextos distintos al de Nueva York. Algunos estudios encontraron evidencia de que el desorden visible influía en la percepción de seguridad, aunque otros refutaron que el control del desorden tuviera un impacto significativo en la reducción de crímenes mayores.

El experimento y la Teoría de la Ventana Rota representan una de las contribuciones más influyentes en el campo de la criminología y la sociología urbana. Aunque la teoría mostró que el entorno físico puede afectar el comportamiento social y la percepción de seguridad, sus implicancias prácticas y éticas han sido objeto de un intenso debate. Las políticas basadas en esta teoría contribuyeron a una serie de prácticas policiales y estrategias de diseño urbano que priorizan el mantenimiento del orden público, pero también suscitaron críticas sobre discriminación y abuso de poder en la implementación.

A más de tres décadas de su formulación, la Teoría de la Ventana Rota sigue siendo un tema relevante en el diseño de políticas de seguridad y urbanismo, recordando la importancia de mantener entornos públicos que promuevan el respeto y el orden, y a la vez reconociendo la necesidad de abordar sus aplicaciones de forma justa y equitativa.

15. El Experimento de la Felicidad en Bután (década de 2000): Medir la Felicidad Nacional Bruta para Priorizar el Bienestar Social

A diferencia de la mayoría de los países, donde el Producto Interno Bruto (PIB) es el principal indicador de desarrollo, Bután decidió evaluar el progreso y el bienestar de su población mediante un enfoque radicalmente diferente: la Felicidad Nacional Bruta (FNB). A partir de la década de 2000, este pequeño país en el Himalaya implementó un experimento social único en su tipo, basado en la premisa de que el verdadero desarrollo debe abarcar más que el crecimiento económico. Este indicador integra aspectos de la vida individual y social para medir la felicidad y bienestar de la población, y el impacto de este enfoque ha sido notable tanto en la política interna de Bután como en los estudios de desarrollo global.

La idea de la Felicidad Nacional Bruta fue propuesta inicialmente en los años 1970 por el cuarto rey de Bután, Jigme Singye Wangchuck, quien veía en la economía de mercado una amenaza a los valores culturales y espirituales del país. Sin embargo, el concepto tomó forma práctica durante la década de 2000, cuando Bután comenzó a diseñar e implementar medidas concretas para evaluar la FNB de su población.

Los principales motivos de este experimento fueron:

<u>Desarrollo Integral del Individuo</u>: Bután quería medir el bienestar en términos que abarcaran todas las áreas de la vida humana, desde la salud física y mental hasta las relaciones sociales, el medio ambiente y la espiritualidad.

<u>Preservación Cultural y Medioambiental</u>: Como país budista, Bután buscaba una política que integrara sus valores de respeto por la naturaleza y la vida espiritual, promoviendo un desarrollo sostenible que no comprometiera el futuro del planeta.

<u>Alternativa al PIB</u>: El rey Wangchuck y el gobierno de Bután consideraban que el PIB era insuficiente para reflejar el bienestar real de la sociedad. Querían demostrar que el éxito de un país puede definirse no solo por su riqueza material, sino por la calidad de vida de sus habitantes.

<u>Impacto en Políticas Públicas</u>: Este enfoque buscaba guiar las políticas gubernamentales para crear condiciones que fomentaran una vida feliz y satisfactoria para todos los ciudadanos.

A partir de los años 2000, el gobierno de Bután comenzó a trabajar con expertos en desarrollo, psicología y economía para definir indicadores específicos de la FNB y llevar a cabo estudios a nivel nacional que recolectaran información detallada sobre las vidas de los ciudadanos. El índice de la FNB se divide en nueve áreas clave:

* Bienestar psicológico
* Salud
* Educación
* Uso del tiempo
* Diversidad cultural
* Buena gobernanza
* Vitalidad comunitaria
* Diversidad ecológica
* Estándar de vida

Para evaluar estos aspectos, el gobierno realizó encuestas y estudios cualitativos y cuantitativos. Estas encuestas se llevaron a cabo de manera regular en toda la población, recopilando información sobre múltiples dimensiones, desde el tiempo dedicado a actividades sociales y religiosas hasta el acceso a servicios de salud y la calidad del medio ambiente. Las respuestas a las encuestas se utilizaron para crear un índice que calificaba el nivel de felicidad en diferentes áreas.

El enfoque de la FNB también se integró en las políticas públicas de Bután. Por ejemplo:

Educación: Se desarrollaron currículos que enfatizaban los valores de la vida comunitaria, la espiritualidad y la conciencia ambiental.

Medio Ambiente: El gobierno implementó políticas de conservación y plantación de árboles para proteger los bosques y la biodiversidad.

Gobernanza: Las políticas se diseñaron para ser inclusivas y para asegurar que los ciudadanos tuvieran un papel en la toma de decisiones.

La implementación de la Felicidad Nacional Bruta produjo resultados significativos en Bután, atrayendo también la atención de la comunidad internacional.

Bienestar de la Población: Las encuestas mostraron que, en general, los ciudadanos de Bután reportaban altos niveles de satisfacción y bienestar en comparación con otros países de la región. Esto se atribuyó a las políticas que fomentaban un equilibrio entre trabajo, tiempo libre, vida comunitaria y espiritualidad.

Desarrollo Sostenible y Protección Ambiental: Al priorizar la FNB, el país mantuvo más del 70% de su territorio cubierto de bosques y prohibió el uso de pesticidas y la tala desmedida. La sostenibilidad medioambiental se convirtió en un pilar esencial de la vida cotidiana.

Reducción de Desigualdades: La implementación de políticas orientadas a la FNB buscó reducir las disparidades socioeconómicas mediante el acceso a servicios básicos de calidad, como salud y educación. Se creó una mayor cohesión social y se fortalecieron los lazos comunitarios.

<u>Inspiración para Otros Países</u>: El enfoque de la FNB de Bután atrajo la atención de la ONU y otras organizaciones internacionales que promovieron la creación de índices alternativos al PIB, como el Índice de Desarrollo Humano (IDH) o el Índice de Felicidad Mundial. Bután también fue anfitrión de la primera Conferencia Internacional sobre la Felicidad, que reunió a expertos y líderes de diversos países para discutir cómo replicar el modelo de bienestar en otras naciones.

<u>Desafíos</u>: Aunque el FNB se convirtió en un símbolo de desarrollo alternativo, Bután también enfrentó desafíos significativos. Las limitaciones económicas hicieron difícil la implementación de algunas políticas, y el país dependía en gran medida de la ayuda internacional y del turismo para financiar su economía. Además, hubo críticas sobre cómo la FNB podía no capturar completamente las necesidades de todos los ciudadanos, y algunos cuestionaron si este enfoque era viable para países más grandes y con una economía más compleja.

El experimento de la Felicidad Nacional Bruta en Bután ha demostrado que es posible un enfoque de desarrollo que priorice el bienestar social y la felicidad por encima del crecimiento económico. Si bien el modelo de FNB presenta desafíos y limitaciones, ha inspirado una reflexión global sobre cómo medir el verdadero progreso de una nación. Este experimento ha resaltado la importancia de los valores culturales y espirituales en el desarrollo humano y ha puesto en el centro de la discusión temas que trascienden lo económico, ofreciendo una visión inspiradora de un futuro donde la calidad de vida y la satisfacción personal puedan ser el verdadero estándar de éxito nacional.

16. Proyecto "Peatones de Copenhague" (2012): Explorando la movilidad urbana y el comportamiento social en la ciudad

En 2012, Copenhague se convirtió en el escenario de un innovador proyecto de investigación que exploraba el comportamiento de los peatones y la movilidad urbana en una de las ciudades más sostenibles del mundo. El Proyecto "Peatones de Copenhague" buscaba analizar los patrones de tránsito y las interacciones en el espacio público mediante una combinación de tecnologías avanzadas y métodos de observación directa. Este estudio arrojó importantes hallazgos sobre cómo el diseño urbano influye en el comportamiento social y en la eficiencia del transporte peatonal, ofreciendo lecciones útiles para el urbanismo moderno.

Copenhague es una ciudad reconocida por su compromiso con la sostenibilidad y su apuesta por el transporte activo, como el ciclismo y el caminar, en lugar de depender de los automóviles. En su camino para convertirse en una "ciudad neutral en carbono" para el año 2025, las autoridades de Copenhague buscaban entender mejor cómo los ciudadanos utilizan el espacio público y cómo el diseño urbano influye en el flujo de personas. Los motivos para desarrollar el Proyecto "Peatones de Copenhague" incluían:

<u>Optimización de la movilidad urbana</u>: Al ser una de las ciudades con mayor densidad de ciclistas y peatones, el estudio buscaba mejorar el flujo de tráfico peatonal y reducir posibles problemas de congestión.

<u>Reducción del impacto ambiental</u>: El proyecto esperaba que una mayor comprensión de los patrones de movilidad pudiera ayudar a reducir la dependencia de los vehículos motorizados y, con ello, las emisiones de carbono.

<u>Fomento de la cohesión social</u>: Al mejorar la habitabilidad de los espacios urbanos, el estudio aspiraba a facilitar una interacción social más saludable y espontánea entre los ciudadanos.

El proyecto se llevó a cabo con una metodología avanzada que combinaba sensores, cámaras y datos geoespaciales para estudiar en profundidad el comportamiento de los peatones y cómo utilizan el espacio urbano. Estos fueron los métodos más relevantes empleados en el proyecto:

<u>Uso de sensores y cámaras</u>: Para recolectar datos sobre el movimiento de los peatones, los investigadores instalaron una serie de cámaras y sensores en ubicaciones estratégicas de Copenhague. Estos dispositivos registraban la cantidad de personas, sus velocidades, y sus patrones de movimiento en distintos momentos del día.

<u>Mapeo de calor (heat maps)</u>: Utilizando datos en tiempo real, los investigadores crearon mapas de calor que mostraban las áreas de mayor concentración de

peatones y las rutas más frecuentadas. Esto permitió identificar zonas de alto tráfico peatonal, así como áreas infrautilizadas.

<u>Análisis de puntos de cruce y áreas de socialización</u>: Se estudió cómo los peatones interactuaban en lugares de cruce y en zonas de descanso, como plazas y parques. Esto ayudó a evaluar si el diseño de estos espacios era eficiente para el tránsito y propicio para la interacción social.

<u>Encuestas a peatones</u>: Además de los datos observacionales, los investigadores realizaron encuestas a los peatones para entender su percepción de los espacios urbanos, así como sus preferencias y necesidades respecto a la infraestructura de la ciudad.

<u>Estudios comparativos</u>: Se realizaron comparaciones con otros modelos urbanos de ciudades con características similares en Europa para evaluar la efectividad de las infraestructuras peatonales de Copenhague y sugerir posibles mejoras.

El Proyecto "Peatones de Copenhague" reveló una gran cantidad de datos útiles sobre el comportamiento peatonal y los elementos urbanos que influyen en el flujo y la interacción de las personas. Algunos de los hallazgos más destacados fueron:

<u>Identificación de áreas de alta y baja circulación</u>: Los mapas de calor mostraron que ciertos tramos de la ciudad eran mucho más frecuentados, especialmente cerca de nodos de transporte público, áreas comerciales y parques. Estas áreas requerían mayor infraestructura para garantizar la seguridad y

comodidad de los peatones, mientras que, en zonas de baja circulación, la ciudad podía explorar opciones de revitalización.

<u>Preferencia por caminos verdes y bien iluminados</u>: Los datos mostraron que los peatones preferían rutas bien iluminadas y con vegetación, lo cual aumentaba la percepción de seguridad y el atractivo del espacio. Esto subrayó la importancia de los elementos naturales y del diseño sensible en la planificación urbana.

<u>Efecto de las zonas de descanso en la cohesión social</u>: El estudio reveló que los bancos, áreas de descanso y zonas peatonales con espacio suficiente para detenerse y conversar incentivaban la interacción social. Las zonas de descanso estratégicamente ubicadas fomentaban encuentros informales entre los ciudadanos, aumentando la cohesión social.

<u>Desafíos en las zonas de cruce</u>: Los puntos de cruce peatonal en áreas de tráfico vehicular intenso presentaban desafíos en términos de seguridad y tiempo de espera, lo cual podía frustrar a los peatones y ralentizar el tránsito general. Se sugirieron modificaciones en los semáforos y diseño de las intersecciones para mejorar la seguridad y eficiencia en estos puntos críticos.

<u>Impacto positivo de la accesibilidad</u>: La investigación mostró que la accesibilidad de los espacios públicos era crucial para fomentar el uso de las áreas peatonales. Rampas, señalización y pavimento nivelado facilitaron el movimiento de personas con movilidad reducida, incentivando la participación inclusiva en el espacio público.

El Proyecto "Peatones de Copenhague" demostró que el diseño y la planificación urbana tienen un impacto directo en cómo las personas utilizan y disfrutan del espacio público. Este estudio resaltó la importancia de una infraestructura urbana que apoye el movimiento peatonal seguro, cómodo y accesible, y que al mismo tiempo fomente la interacción social y la cohesión comunitaria.

Los hallazgos de este proyecto tuvieron implicaciones prácticas tanto para la propia Copenhague como para otras ciudades del mundo. Basándose en los resultados, se recomendaron y aplicaron algunas mejoras en el diseño urbano, como:

<u>Ampliación de áreas peatonales</u>: Se destinaron más zonas exclusivamente para peatones en áreas de alto tráfico, como los centros comerciales y las plazas céntricas, lo que facilitó el tránsito y mejoró la experiencia de los caminantes.

<u>Incremento de espacios verdes y áreas de descanso</u>: Las autoridades urbanísticas incluyeron más vegetación y bancos en las rutas más frecuentadas, siguiendo la preferencia de los peatones por espacios más naturales y relajantes.

<u>Mejora de los puntos de cruce</u>: Para reducir el tiempo de espera y mejorar la seguridad, se ajustaron las señales de tráfico y se implementaron zonas de cruce con mejor visibilidad en áreas de tránsito mixto.

El Proyecto "Peatones de Copenhague" se convirtió en una referencia para el diseño urbano sostenible, mostrando que el espacio público puede ser planificado para beneficiar tanto el movimiento como la convivencia social. Los hallazgos de este estudio ayudan a moldear ciudades más habitables, inclusivas y amigables con el medio ambiente, haciendo que el espacio público sea un recurso valioso para toda la comunidad.

17. El proyecto "Cambridge-Somerville Youth Study" (1930s-1940s): Un análisis de la prevención del crimen juvenil

El Proyecto "Cambridge-Somerville Youth Study", iniciado en los años 1930 en Estados Unidos, fue uno de los primeros experimentos a gran escala en la psicología y criminología que intentó evaluar la efectividad de las intervenciones preventivas para reducir la criminalidad juvenil. Dirigido por el psicólogo Richard Clarke Cabot, este proyecto buscaba determinar si una intervención temprana y positiva en la vida de los jóvenes con riesgo de conductas delictivas podría cambiar sus trayectorias. A través de un enfoque pionero, los investigadores analizaron los efectos de la mentoría y el apoyo psicosocial a largo plazo, aunque los resultados finales demostraron que el camino hacia la prevención de la criminalidad era mucho más complejo de lo que inicialmente se esperaba.

En las décadas de 1930 y 1940, la preocupación por el crimen juvenil en Estados Unidos estaba en auge, y los psicólogos, criminólogos y trabajadores sociales comenzaron a explorar métodos preventivos para abordar este problema. En Cambridge y Somerville, Massachusetts, los jóvenes de bajos ingresos y entornos problemáticos parecían más propensos a involucrarse en actividades delictivas y a tener problemas de conducta. Los investigadores del proyecto querían evaluar si las intervenciones tempranas, que ofrecían orientación y apoyo emocional, podían reducir estos riesgos.

Los principales objetivos de este proyecto incluían:

<u>Prevención de la delincuencia juvenil</u>: Determinar si la intervención social temprana podría reducir las tasas de criminalidad en jóvenes en situación de riesgo.

<u>Apoyo psicológico y emocional</u>: Ofrecer una red de apoyo a jóvenes con antecedentes familiares problemáticos, exposición a la pobreza y bajos recursos.

<u>Establecimiento de programas de mentoría</u>: Evaluar si el contacto regular con un mentor positivo, que podría ofrecer un modelo de comportamiento alternativo, sería suficiente para cambiar las trayectorias de vida de estos jóvenes.

El estudio Cambridge-Somerville se diseñó como un experimento de control aleatorio, uno de los primeros en su tipo, y fue pionero en el uso de un enfoque longitudinal para estudiar los efectos de la intervención social. Los participantes fueron niños de entre 5 y 13 años, en su mayoría provenientes de familias con bajos ingresos, y los investigadores los dividieron en dos grupos:

Grupo Experimental: A estos jóvenes se les asignaron mentores y trabajadores sociales, quienes les brindaban apoyo psicológico, asesoría académica y orientación moral. Los mentores trabajaban de manera individual con cada niño, realizando visitas semanales, ayudándolos a desarrollar sus habilidades personales y ofreciendo asesoría en el manejo de emociones y resolución de conflictos.

Grupo de Control: Este grupo no recibió ninguna intervención adicional. Los niños continuaron con sus vidas sin la presencia de mentores, permitiendo a los investigadores comparar los resultados entre ambos grupos.

El estudio utilizó una metodología que incluyó entrevistas personales, encuestas a los padres y monitoreo continuo del progreso académico y social de los participantes. Los investigadores esperaban que, al proporcionar una red de apoyo, los niños en el grupo experimental mostraran una menor incidencia de comportamiento delictivo y mayores logros personales en la adultez.

Sorprendentemente, los resultados del Proyecto "Cambridge-Somerville Youth Study" no fueron los esperados. Aunque el estudio se diseñó con buenas intenciones y basándose en la hipótesis de que el apoyo social disminuiría las conductas delictivas, los hallazgos desafiarían esta suposición. Estos fueron los resultados más destacados:

Impacto Negativo en el Grupo Experimental: Al evaluar a los participantes en la edad adulta, se encontró que aquellos que habían sido parte del grupo experimental, con mentores y apoyo, en realidad mostraron mayores tasas de criminalidad que el grupo de control. Esto incluyó un aumento en el uso de sustancias, delitos y problemas de salud mental. Los investigadores quedaron perplejos ante este resultado, ya que contradecía la hipótesis original de que la intervención temprana tendría un impacto positivo.

Problemas de Autonomía y Dependencia: Se sugirió que el apoyo brindado podría haber generado una dependencia emocional o una falta de desarrollo de la autonomía en algunos jóvenes, haciéndolos menos capaces de enfrentar las adversidades por sí mismos. Este efecto negativo inesperado subrayó la importancia de no solo ofrecer apoyo, sino también de fomentar habilidades de autosuficiencia en los niños.

Exposición a Riesgos Sociales: En algunos casos, se observó que las visitas de los mentores o trabajadores sociales ponían a los niños en contacto con situaciones o entornos que, en lugar de reducir los riesgos, podían exacerbarlos. Algunos participantes informaron que las interacciones adicionales creaban fricciones en el hogar o los exponían a problemas que antes no tenían.

Dificultades en la Medición de Resultados a Largo Plazo: El estudio también evidenció la dificultad de medir y predecir el impacto de una intervención a largo plazo en un entorno tan complejo como la vida de un niño. Las influencias externas, el entorno familiar y la situación económica de las familias resultaron ser factores muy relevantes que la intervención no pudo contrarrestar.

El Proyecto "Cambridge-Somerville Youth Study" fue un hito en la investigación social y tuvo un profundo impacto en el campo de la psicología y la criminología. A pesar de los resultados inesperados y el aparente fracaso de la intervención en reducir la criminalidad, el estudio sentó las bases para futuros proyectos y cambios en la forma de implementar programas de prevención del crimen juvenil. Algunas de las lecciones clave que se aprendieron incluyen:

<u>Necesidad de Intervenciones Adaptativas y Complejas</u>: El estudio reveló que la prevención del crimen juvenil no puede abordarse únicamente mediante la mentoría o el apoyo emocional. Los factores que contribuyen a la criminalidad son numerosos y complejos, y requieren un enfoque que considere el contexto individual de cada niño, su entorno familiar y los factores socioeconómicos que influyen en su desarrollo.

<u>Importancia de Fomentar la Autonomía</u>: La dependencia emocional generada en algunos jóvenes del grupo experimental subrayó la importancia de fomentar la autosuficiencia y habilidades de resolución de problemas en lugar de solo brindar apoyo externo. Un enfoque que combine apoyo con desarrollo de habilidades prácticas puede ser más efectivo para el crecimiento personal y social de los jóvenes.

<u>Evaluación a Largo Plazo y Ajustes en los Programas</u>: Los resultados del estudio demostraron que los programas de prevención de la delincuencia necesitan evaluarse y ajustarse constantemente, adaptándose a las necesidades cambiantes de los participantes y a las complejidades de sus entornos. Este tipo de programa

debe ser lo suficientemente flexible como para responder a los problemas y los éxitos que surjan durante la intervención.

<u>Evidencia en las Políticas de Intervención Social</u>: Este experimento generó una reflexión sobre la necesidad de una base empírica sólida antes de implementar políticas sociales a gran escala. Aunque el Proyecto "Cambridge-Somerville Youth Study" tuvo resultados desfavorables, resaltó la importancia de los estudios longitudinales para comprender mejor el impacto de las intervenciones sociales y cómo estas pueden perfeccionarse para lograr resultados positivos.

El Proyecto "Cambridge-Somerville Youth Study" dejó un legado duradero en el campo de la intervención social, ayudando a los investigadores a reconocer los límites de la mentoría como único método de prevención de la delincuencia juvenil y destacando la complejidad de los factores que afectan el comportamiento humano. Aunque los resultados no fueron los esperados, el estudio contribuyó a mejorar la metodología en el campo de la criminología y sentó las bases para desarrollar programas de intervención más completos que consideran no solo el apoyo emocional, sino también factores educativos, sociales y económicos.

Este proyecto, aunque inicialmente considerado un fracaso, continúa siendo estudiado y citado en la investigación sobre prevención del crimen juvenil, recordando a los profesionales la importancia de diseñar programas que vayan más allá de la intervención aislada y que fomenten un cambio integral en la vida de los jóvenes.

18. El experimento del pánico (1964): Una investigación sobre el comportamiento humano en situaciones de emergencia

En 1964, el psicólogo canadiense Stanley Milgram, conocido por sus experimentos sobre la obediencia a la autoridad, emprendió otro estudio sobre el comportamiento humano en condiciones de crisis. Este estudio, conocido como "El Experimento del Pánico", investigó cómo reaccionan las personas cuando perciben que su seguridad está en riesgo, explorando específicamente los factores que desencadenan el pánico y cómo se propaga entre un grupo. El experimento tuvo como fin entender el comportamiento colectivo en situaciones de peligro, un tema con importantes aplicaciones en el diseño de medidas de seguridad pública y en la planificación de protocolos de evacuación.

Milgram planteó este experimento en una época donde se investigaba intensamente la psicología de masas y las respuestas de las personas a estímulos de alto estrés. En este contexto, Milgram buscaba entender cómo se comportaban las personas en situaciones de emergencia donde el pánico podría surgir de forma espontánea o inducida, y cuáles factores influían en su toma de decisiones en tales momentos. Algunos de los objetivos específicos incluyeron:

<u>Comprender el origen y propagación del pánico:</u> Milgram deseaba estudiar qué provoca que las personas actúen impulsivamente y cómo se esparce la emoción entre un grupo.

<u>Evaluar la influencia del entorno físico en la respuesta emocional</u>: Milgram estaba interesado en analizar cómo factores como el espacio cerrado y la densidad de personas contribuyen al desencadenamiento del pánico.

<u>Desarrollar estrategias de manejo y control del pánico</u>: Los hallazgos podrían ayudar a diseñar estrategias para evitar el pánico masivo en situaciones de emergencia y mejorar la seguridad en espacios públicos.

El Experimento del Pánico se llevó a cabo en un teatro cerrado en la ciudad de Nueva York, donde se simuló una situación de emergencia para observar el comportamiento del público. Milgram y su equipo utilizaron un grupo de voluntarios, quienes pensaban que asistían a una simple reunión social. El método siguió los siguientes pasos:

<u>Situación Controlada en un Espacio Reducido</u>: El experimento se realizó en una sala pequeña y cerrada, lo que aumentaba la percepción de falta de espacio y elevaba el nivel de ansiedad potencial.

<u>Disparo de Alarma</u>: En un momento determinado de la reunión, se activó una alarma sonora acompañada de luces intermitentes, simulando una emergencia inminente. Este evento generó sorpresa e incertidumbre en los participantes.

<u>Observación y Registro del Comportamiento</u>: Sin que los participantes lo supieran, los investigadores observaron y registraron sus reacciones desde una sala de control. Se analizó cómo cada individuo

procesaba la situación, si intentaba evacuar la sala o si, por el contrario, mantenía la calma.

<u>Factores de Influencia en el Comportamiento Colectivo</u>: El equipo de Milgram también empleó "actores" que habían sido previamente instruidos para reaccionar de ciertas maneras, como permanecer en calma o entrar en pánico, y así estudiar la influencia de estas respuestas en el grupo. Se analizó si los comportamientos de unos pocos influían en la respuesta del resto de los presentes.

El Experimento del Pánico arrojó resultados reveladores sobre el comportamiento humano en situaciones de estrés y la naturaleza del pánico colectivo:

<u>Propagación Rápida del Pánico</u>: Uno de los hallazgos más importantes fue la rapidez con la que se propagó el pánico entre los participantes. En pocos segundos después del disparo de la alarma, muchos de los asistentes comenzaron a mostrar señales de ansiedad, como inquietud, aumento de la frecuencia cardíaca y deseo de evacuar el espacio. La presencia de personas que expresaban temor o incertidumbre agravó la sensación de peligro.

<u>Influencia del Comportamiento Imitativo</u>: Milgram y su equipo observaron que los participantes tendían a imitar el comportamiento de aquellos que parecían más seguros. Los "actores" que mantenían la calma lograron tranquilizar a quienes estaban a su alrededor, mientras que los que mostraban pánico generaron una respuesta de huida en otros. Este hallazgo subrayó la importancia de los "líderes" en situaciones de

emergencia, ya que el comportamiento de unos pocos puede influir significativamente en el resto del grupo.

<u>Efecto del Espacio Cerrado</u>: La percepción de un entorno cerrado y el número de personas en el teatro contribuyeron a elevar el nivel de estrés. Los participantes informaron que sentían claustrofobia e inseguridad debido a la limitada cantidad de salidas. Esto reforzó la idea de que los entornos de alta densidad pueden aumentar la probabilidad de pánico en situaciones de emergencia.

<u>Reacciones de "Parálisis"</u>: Contrario a lo que se esperaba, algunos participantes mostraron una reacción de "parálisis", en la que se quedaban inmóviles o confundidos ante la alarma, sin reaccionar de inmediato. Milgram teorizó que estas personas se veían abrumadas por la situación, lo que limitaba su capacidad de tomar decisiones racionales. Esta observación sugiere que el pánico no siempre produce una reacción de huida, sino que también puede inmovilizar a las personas.

El Experimento del Pánico de 1964 fue pionero en el estudio del comportamiento humano bajo condiciones de emergencia y contribuyó a entender la psicología de masas y la influencia del entorno y del comportamiento imitativo en la respuesta al peligro. Algunas conclusiones y lecciones clave que se derivaron de este experimento incluyen:

<u>Importancia del Control Emocional en Líderes</u>: Los resultados sugieren que, en situaciones de emergencia, aquellos que mantienen la calma pueden servir de guía para otros. Esto ha llevado a que en

muchos entornos de trabajo y espacios públicos se capacite a líderes para que reaccionen con calma y orientación en situaciones de peligro.

<u>Diseño de Espacios Públicos Seguros</u>: El experimento subrayó la importancia de diseñar espacios públicos con rutas de escape claras y accesibles, especialmente en lugares de alta densidad de personas como teatros, estadios y centros comerciales, donde el pánico puede ser más fácil de detonar.

<u>Protocolos de Evacuación y Simulacros de Emergencia</u>: A raíz de experimentos como este, muchas instituciones y edificios comenzaron a implementar simulacros de emergencia y protocolos de evacuación. Estos ejercicios preparan a las personas para responder de manera organizada y controlada, disminuyendo las probabilidades de que el pánico se apodere del grupo en una situación real.

<u>Psicología de la Multitud</u>: El estudio aportó una mayor comprensión sobre la psicología de la multitud, mostrando que las emociones son altamente contagiosas y que el comportamiento de unos pocos puede influir drásticamente en una multitud. Esto es particularmente relevante en situaciones de desastre, donde los primeros en reaccionar afectan al resto de los presentes.

El Experimento del Pánico de Stanley Milgram se convirtió en un estudio de referencia en la psicología de emergencias y en el diseño de políticas de seguridad. Sus hallazgos ayudaron a mejorar los protocolos de evacuación en edificios públicos y a implementar entrenamientos para el manejo de crisis en personal de seguridad y líderes de grupo. Además, destacó la importancia de la estructura de los espacios públicos y de los procedimientos para minimizar el riesgo de pánico.

A través de su enfoque innovador, Milgram reveló facetas complejas del comportamiento humano en situaciones de peligro, ayudando a moldear una mayor conciencia sobre cómo la psicología influye en la respuesta ante emergencias. Aunque el experimento utilizó métodos que hoy podrían ser cuestionados desde un punto de vista ético, su legado ha perdurado en los estudios de seguridad pública y manejo de crisis, recordándonos la importancia de una preparación adecuada y la influencia del comportamiento colectivo en momentos de alta tensión.

19. El experimento de la Aldea de San Isidro, México (Década de 1990): Un estudio sobre el desarrollo comunitario y autogestión

Durante la década de 1990, en la Aldea de San Isidro, una pequeña comunidad rural de México, se llevó a cabo un ambicioso experimento social enfocado en el desarrollo sostenible y la autogestión comunitaria. El proyecto fue dirigido por un grupo de sociólogos, antropólogos y trabajadores sociales mexicanos y extranjeros que colaboraron con los habitantes de San Isidro para transformar su comunidad en un modelo de autosuficiencia, organización comunitaria y sostenibilidad económica. Este experimento fue pionero en implementar prácticas de desarrollo rural y autogestión en comunidades con recursos limitados, brindando lecciones valiosas sobre los factores necesarios para el crecimiento sostenible y el fortalecimiento de la comunidad.

El proyecto de la Aldea de San Isidro surgió en un contexto de pobreza rural y desigualdad económica en México. Durante décadas, muchas comunidades rurales habían enfrentado condiciones adversas, caracterizadas por el desempleo, la escasez de servicios básicos y la migración hacia ciudades en busca de oportunidades. Los promotores de este experimento querían ofrecer una alternativa, demostrando que, mediante la autogestión, el aprovechamiento de recursos locales y la cooperación, era posible mejorar la calidad de vida de los habitantes sin depender exclusivamente del apoyo gubernamental.

Entre los objetivos del experimento se encontraban:

<u>Fomentar la autosuficiencia económica</u>: Reducir la dependencia de las ayudas externas al promover actividades productivas sostenibles dentro de la comunidad.

<u>Empoderamiento de la comunidad</u>: Fortalecer la cohesión social y fomentar la participación de los habitantes en la toma de decisiones colectivas.

<u>Preservación cultural y ambiental</u>: Implementar prácticas de desarrollo que respetaran las tradiciones culturales y el entorno natural de la comunidad.

El proyecto de San Isidro se caracterizó por un enfoque integral y participativo. Se llevaron a cabo diversas iniciativas en las áreas de educación, agricultura, economía y salud para mejorar la calidad de vida en la comunidad. Estas actividades fueron organizadas en colaboración con los miembros de la aldea, y su implementación se basó en métodos prácticos y ajustados a las necesidades locales.

<u>Capacitación y Educación Comunitaria:</u> Se establecieron talleres de educación para adultos, programas de alfabetización y capacitación técnica. Estos incluían temas como prácticas agrícolas sostenibles, finanzas comunitarias y desarrollo de habilidades productivas. Uno de los pilares del proyecto fue la educación en economía cooperativa, con la cual se enseñó a los habitantes a formar cooperativas y a manejar sus recursos económicos de forma colectiva.

<u>Desarrollo de Cooperativas y Producción Local</u>: Con el objetivo de generar ingresos sostenibles, se fomentaron diversas actividades productivas. Se organizaron cooperativas agrícolas para producir y comercializar productos locales, como maíz, frijol y café. Además, se promovió la producción artesanal de textiles y otros productos que luego se vendían en mercados locales y regionales.

<u>Sistemas de Salud Comunitaria y Bienestar:</u> Se desarrollaron programas de salud preventiva y de medicina tradicional que complementaban la falta de servicios médicos en la zona. Las parteras y curanderos locales recibieron capacitación en

cuidados básicos y medidas de higiene, mejorando así el acceso a la salud dentro de la comunidad.

<u>Infraestructura Sostenible y Energía Renovable</u>: Una parte significativa del experimento incluyó la construcción de infraestructura ecológica, como sistemas de captación de agua de lluvia, letrinas ecológicas y el uso de energía solar. Estas mejoras no solo permitieron un acceso más sostenible a los recursos básicos, sino que también contribuyeron a reducir el impacto ambiental.

El experimento de la Aldea de San Isidro generó resultados tanto positivos como desafíos que reflejan la complejidad de implementar un cambio sostenible en una comunidad rural. Algunos de los principales resultados fueron:

<u>Aumento de la Autosuficiencia Económica</u>: Las cooperativas agrícolas y artesanales ayudaron a generar ingresos sostenibles para las familias de San Isidro. Muchos de los habitantes, especialmente mujeres y jóvenes, lograron emplearse en las cooperativas, lo que redujo la migración hacia las ciudades en busca de trabajo. Sin embargo, el éxito de estas iniciativas dependía de factores externos como el acceso a mercados, lo que en ocasiones limitaba los ingresos.

<u>Fortalecimiento del Tejido Social</u>: La participación de los habitantes en el proceso de desarrollo y la toma de decisiones contribuyó a fortalecer la cohesión social. Los miembros de la comunidad desarrollaron un sentido de pertenencia y compromiso con los proyectos implementados, lo cual fomentó una cultura de

colaboración y apoyo mutuo. A su vez, esto mejoró las relaciones internas y creó una estructura organizativa que facilitaba la resolución de conflictos y la toma de decisiones colectivas.

<u>Preservación de la Identidad Cultural y del Entorno</u>: El proyecto respetó y promovió las prácticas tradicionales de la comunidad, como el uso de medicina natural y la preservación de sus festividades y rituales. Además, las prácticas de agricultura sostenible y el uso de energía renovable ayudaron a conservar los recursos naturales, protegiendo el entorno local de la sobreexplotación.

<u>Dificultades en la Implementación y Sostenibilidad</u>: Aunque el proyecto logró avances significativos, enfrentó varios desafíos. La sostenibilidad económica a largo plazo fue uno de ellos, ya que la comunidad dependía en parte de los subsidios iniciales y de la demanda fluctuante de sus productos. Además, aunque se lograron mejoras en salud y educación, el acceso a servicios médicos especializados y a recursos educativos avanzados seguía siendo limitado.

El experimento de la Aldea de San Isidro fue una experiencia enriquecedora y pionera en el desarrollo comunitario en México, dejando valiosas lecciones sobre los desafíos y logros del desarrollo rural sostenible. Entre las conclusiones principales destacan:

<u>Importancia del Empoderamiento Local</u>: Involucrar a los habitantes en la toma de decisiones y fomentar la autogestión permitió que los proyectos fueran apropiados por la comunidad. Este enfoque

incrementó el compromiso de los participantes, que consideraban los logros como propios y no impuestos desde el exterior.

<u>Necesidad de Mercados Estables</u>: La sostenibilidad económica de la comunidad dependía del acceso a mercados para sus productos agrícolas y artesanales. El proyecto mostró que, para que las cooperativas prosperen, es esencial contar con canales de distribución y alianzas comerciales que permitan una venta constante y rentable.

<u>Desafíos de Escalabilidad y Dependencia</u>: Aunque el proyecto mejoró la calidad de vida en San Isidro, la implementación a gran escala en otras comunidades rurales requeriría de mayor apoyo gubernamental y de un enfoque adaptativo para ajustarse a diferentes contextos. Además, para asegurar la sostenibilidad a largo plazo, los proyectos comunitarios deben reducir su dependencia de los fondos externos y desarrollar estrategias de autogestión financiera.

<u>Equilibrio entre Desarrollo Moderno y Tradición</u>: El experimento de San Isidro mostró que es posible impulsar el desarrollo rural sin sacrificar la identidad cultural de la comunidad. El respeto por las tradiciones y la cultura local fortalece el sentido de pertenencia y facilita la aceptación de los cambios, creando un equilibrio que enriquece tanto la vida comunitaria como la adaptación al desarrollo moderno.

El proyecto de San Isidro dejó un impacto duradero en el enfoque del desarrollo comunitario en México y otros países latinoamericanos. Inspiró programas de desarrollo rural en otras áreas, basados en la autogestión, la educación comunitaria y la producción sostenible. También sirvió como modelo para políticas públicas enfocadas en la autosuficiencia y el desarrollo local, que se aplicaron en otros lugares rurales del país.

Hoy en día, el experimento de San Isidro se considera un caso de estudio sobre cómo el desarrollo rural puede implementarse con un enfoque integral que empodere a las comunidades y respete sus tradiciones. Aunque no estuvo exento de dificultades, demostró que las comunidades pueden mejorar sus condiciones de vida de manera sostenible y autónoma, siempre que tengan acceso a las herramientas y el apoyo necesarios para construir un futuro en armonía con sus valores culturales y su entorno natural.

20. Estudio de la desensibilización a la violencia (1973): Un análisis crítico

El Estudio de la Desensibilización a la Violencia, llevado a cabo en 1973, es uno de los experimentos más significativos en el campo de la psicología y los medios de comunicación. Este estudio abordó una preocupación creciente sobre el impacto de la violencia en los medios, especialmente en la televisión y el cine, en el comportamiento y las actitudes de los espectadores. A través de una serie de experimentos, los investigadores buscaban comprender cómo la exposición repetida a la violencia podría afectar la percepción y la respuesta emocional de las personas.

Durante la década de 1970, la violencia en los medios de comunicación comenzó a recibir una atención considerable. Los informes de un aumento en la agresividad y la violencia en la sociedad llevaron a los psicólogos y sociólogos a preguntarse si la exposición constante a representaciones violentas en la televisión y el cine podría desensibilizar a los individuos, haciéndolos menos sensibles a la violencia en la vida real.

Los principales objetivos del estudio incluían:

<u>Evaluar la relación entre la exposición a la violencia y la desensibilización emocional</u>: Se quería determinar si las personas que consumían más contenido violento mostraban una disminución en su respuesta emocional ante la violencia.

<u>Explorar las implicaciones sociales</u>: El estudio buscaba entender cómo esta desensibilización podría influir en el comportamiento social, incluyendo la aceptación de la violencia como norma.

El experimento fue diseñado para observar las reacciones de los participantes ante representaciones de violencia en una serie de películas. A continuación, se describen las fases del experimento:

<u>Selección de Participantes</u>: Se reclutaron varios grupos de participantes, compuestos tanto por adultos como por jóvenes. Los investigadores aseguraron que el grupo incluyera individuos con diferentes antecedentes en cuanto al consumo de medios violentos.

<u>Exposición a Medios Violentos</u>: Los participantes fueron expuestos a una selección de películas y clips de televisión que contenían altos niveles de violencia. Se prestó especial atención a la duración y la frecuencia de las escenas violentas.

<u>Evaluación de Reacciones</u>: Tras la exposición, los investigadores midieron las respuestas emocionales de los participantes a través de cuestionarios que evaluaban su percepción de la violencia, así como sus sentimientos de miedo, ira y empatía. También se les pidió que evaluaran sus respuestas a situaciones violentas hipotéticas.

<u>Control de Variables</u>: Para garantizar que los resultados fueran significativos, los investigadores controlaron factores como la edad, el género y la experiencia previa de los participantes con medios violentos.

Los hallazgos del estudio revelaron patrones inquietantes:

<u>Desensibilización Emocional</u>: Los participantes que habían consumido mayores cantidades de contenido violento mostraron una disminución significativa en su respuesta emocional. Por ejemplo, sus niveles de miedo y empatía se redujeron al observar escenas de violencia, en comparación con aquellos que tenían un menor consumo de estos medios.

<u>Cambio en Actitudes</u>: Los participantes desensibilizados tendían a justificar la violencia en situaciones hipotéticas, mostrando una aceptación

más alta de comportamientos agresivos como medios para resolver conflictos.

<u>Normalización de la Violencia</u>: Los resultados sugirieron que la exposición constante a la violencia en los medios puede llevar a una percepción de que la violencia es una respuesta normal y aceptable a las disputas y problemas.

El Estudio de la Desensibilización a la Violencia de 1973 tuvo un impacto significativo en la forma en que se entiende el efecto de los medios de comunicación en la conducta humana. Los hallazgos provocaron un debate intenso sobre la ética de la producción y el consumo de contenido violento, así como sobre la responsabilidad de los medios en la formación de actitudes y comportamientos sociales.

Además, el estudio ha sido un punto de referencia en investigaciones posteriores sobre los efectos de la violencia en los medios, lo que ha llevado a un mayor interés en el diseño de políticas que limiten el contenido violento y promuevan una representación más responsable de la violencia.

Aunque el Estudio de la Desensibilización a la Violencia se llevó a cabo hace más de cuatro décadas, sus implicaciones siguen siendo relevantes en la actualidad, especialmente en un contexto donde la violencia en los medios se ha amplificado con la llegada de internet y las redes sociales. Este estudio subraya la importancia de considerar cómo el consumo de medios puede influir en la psicología individual y en la cultura social en general.

————†————

Si te ha resultado útil e interesante el presente libro, puedes ampliar la información y los conocimientos con las siguientes obras que encontrarás en esta plataforma:

• Oscuros experimentos psicológicos (Autor Lic. Guillermo H. Pegoraro) 50 experimentos controvertidos y censurables en la historia de la Psicología

• Oscuros experimentos psicológicos II (Autor Lic. Guillermo H. Pegoraro) 30 experimentos controvertidos e inquietantes en la historia de la Psicología

• 20 lecciones de Psicología Práctica: Para mejorar tu vida y alcanzar el éxito (Autor Phillips Tahuer)

• 20 lecciones de psicología práctica para el éxito en el amor (Autor Phillips Tahuer)

• 20 lecciones de psicología práctica para el éxito en los negocios (Autor Phillips Tahuer)

————†————